麦肯锡经营战略系列

麦肯锡成熟期
差异化战略

[日]
大前研一
若松茂美
等——著

张雯——译

天津出版传媒集团
天津人民出版社

图书在版编目（CIP）数据

麦肯锡成熟期差异化战略 /（日）大前研一等著；张雯译 . -- 天津：天津人民出版社，2018.6
（麦肯锡经营战略系列）
ISBN 978-7-201-13351-5

Ⅰ . ①麦… Ⅱ . ①大… ②若… ③张… Ⅲ . ①企业战略 - 通俗读物 Ⅳ . ① F272.1-49

中国版本图书馆 CIP 数据核字 (2018) 第 085811 号

麦肯锡成熟期差异化战略
MAIKENXI CHENGSHUQI CHAYIHUA ZHANLUE

出　　版　天津人民出版社
出 版 人　黄　沛
地　　址　天津市和平区西康路 35 号康岳大厦
邮政编码　300051
邮购电话　（022）23332469
网　　址　http://www.tjrmcbs.com
电子邮箱　tjrmcbs@126.com

责任编辑　赵　艺
装帧设计　园　里

制版印刷　三河市华润印刷有限公司
经　　销　新华书店
开　　本　710 × 1000 毫米　1/16
印　　张　15
字　　数　260 千字
版次印次　2018 年 6 月第 1 版　2018 年 6 月第 1 次印刷
定　　价　49.80 元

写在《麦肯锡成熟期差异化战略》发行前

本书是“麦肯锡经营战略”系列的第三辑，从不同角度阐述了企业的“差异化战略”（生存战略）。对于企业而言，眼下显然也是重视差异化战略的时代。那么，在现代的经营策略中，究竟什么才是关键词？大前老师在本系列丛书第二辑《麦肯锡成熟期成长战略》中说过：“现代企业决策者不可或缺的意识，一是全球（global）意识，二是金融（finance）意识，三是ICT，最后是创新意识”。

于是这里就请大前老师就“全球（global）意识、金融（finance）意识、ICT、创新意识”这四个关键词，来谈一谈它们的重要性。

good.book 编辑部

大前研一特别访谈

全球意识所必需的是“触觉”和“时间”

眼下企业决策者最需要什么？最需要三大意识——全球意识、金融意识，以及 ICT 意识。在成为决策者之前，这三点必须刻意去学习和培养。其中“全球意识”尤为重要，这是无法只靠讲座学会的知识，你必须亲自去到各个国家，亲眼观察每个国家的国情。

近来常有些立志将来要成为社长的年轻人向我发问：“我接下来应该学些什么？”比如有位年轻人，今年 25 岁，决心 50 岁当上社长。那他现在做白领就很好，因为公司会支付薪水，他可以一边领薪水一边花 25 年时间学习怎么当社长。

如果我今年 25 岁，进入公司工作，我会申请公司每隔 5 年外派我去一个不同的国家，当今被认为今后发展潜力巨大的市场大约有 10 个（国家），我们年轻时就只有一个美国，美国是全世界最大的市场，所以只要设法到美国市场发力就好。

最近10年要数中国市场，眼下就一个宗旨，即想方设法在中国市场赚钱。可放眼未来，光聚焦美国和中国是不够的。如果想成为新生代的社长、想在10年或20年后当上社长，就必须把目光放到其他国家上。什么是其他国家？拿亚洲来举例，我认为印度尼西亚算得上第一重要，而菲律宾和孟加拉国也不相上下。此外，泰国向来被大多日本企业视为第二个国内市场，相关经验也积累了不少。

越南这个国家，尽管有不少企业进驻，却行进得极其艰难，因为它与中国有点相似，问题不少。所以类似印尼、菲律宾那样人口在7000万、1.5亿或者2亿的国家，更适合作为目标市场。个人认为，规模像土耳其这样的国家也有必要纳入视野。

上述类型的国家就是我所说的小型市场，建议未来想当社长的人，可以前往上述类型的地区各体验5年，借此来掌握“触觉”。触觉的掌握与否非常重要。

就说土耳其，你不必学说一口流利的当地语言，却必须对土耳其人的思维方式了如指掌，明白他们在不同情况下最可能做出的反应。然后，你得交上5到10个当地的朋友，遇到不明白的事情时你就能立刻打电话向他们请教。并且当自家公司想在当地做些什么的时候，你能介绍当地人和公司。与上述国家构筑起这样的人际关系网，这是件重要的事。

我偶尔也会在中国台湾地区做顾问，还给马来西亚当了 18 年的顾问，也经常被印度尼西亚召请。印度、土耳其也频繁找我做演讲。说到菲律宾，我经常去那里潜水游泳，不觉间与拉莫斯总统有了交情，因为他也酷爱潜水运动。就这样，我与这些国家和地区的人有了非常亲密的关系。

韩国和中国台湾地区，我各去过大约 200 次，中国大陆也去过 100 多次。我去过美国大约 400 次，工作内容大半是帮助日本企业进入美国。这就是我在最初的 20 年里所做的事情。

从这层意义上来说，我个人不得不通过顾问这份工作去理解各个国家和地区。我在这些国家和地区结交了许多朋友，也构筑了人际关系网。

综上所述，我认为对于今后的决策者而言，成为除美国和中国以外的其他国家和地区的专家，这点相当重要。

所谓全球意识，关键的还是亲自去体会某个国家。能否把握 10 个这样的市场，将决定公司最终能否成为具有全球意识的企业。

日本企业有个习惯，那就是在社长之下设立各地区总部，比如欧洲总部、亚洲总部、美洲总部等等。不过，这种公司发展不好。

原因很简单，当我们在说比如“亚洲总部”的时候，其实它并不会起到实际作用。人们会先把中国总部单独分离出来，然后把其他亚洲国家笼统归为“亚洲”，再把本社开在新加坡，说什么“又向亚洲靠近了一步”。那么要把印尼置于何地？菲律宾怎么办？这么做解决不了实际问题，因为它们之间根本没有共同点。

所以说只能选择单一市场再去单一进攻。笼统地以“亚洲”这个抽象的地理名词，姑且放一个什么“亚洲总部长”，这是不行的。什么叫“做业务”，抛开这些，大胆宣布“未来5年我们要成为印尼货真价实的No.1”，这才叫“做业务”。假设你弄个北美总部，或者美洲总部，然后把本社放在洛杉矶，靠这就能拿下哥斯达黎加了？我想说的就是这个。

所以，要是真心想推进全球化，那请你先在包括南美在内的整个美洲大陆上，说出三个想要开发的市场。如果回答是加拿大、美国、巴西，那请你选出人才脚踏实地去做这三个市场。在经营决策者必备的三个技能“全球意识”“金融意识”“ICT”中，最需要花时间的还要数掌握全球意识。我在马来西亚工作了18年，花了相当长时间才真正掌握了全球意识。要是想跳过这一步，就必须找一群精通这方面的人才。有人说我英语好用不着担心海外问题，或者我资金充裕，所以这次选中国，等等。不能这样，我没见过哪家公司因为这些要素就迅速成长的。把公司做大，并不是件简单的事。

综上所述，如果你想掌握全球意识，唯一的方法就是花时间。去能够学到这些知识的公司任职，为自己打造独特的职业经历，一边领工资一边学习，又或者与公司紧密结合，踏踏实实融入企业的20年计划中。也有人年纪轻轻前往海外就获得成功的，但那大多也是在某一个国家的成功。比如在泰国获得成功，在老挝获得成功，不可能有谁一上来就在整个亚洲获得成功的。我的意思是，在海外构筑人脉推进事业，不是件轻松的事。

金融意识＝与市场对话的能力

另一项重要技能是金融意识。

金融意识，指的是为“企业的股票”考虑。一家企业的股价体现的是企业的健康程度？相对于未来的价值。股价的定义，是指某企业在今后继续经营的基础上，其目前的价值即时价总额。所以再回过头来看股价，“与市场对话的能力”就显得尤为重要了。

我的意思是，一直以来资金都由财务部门全权负责，企业需要钱的时候去找财务部长，财务部长再去银行提请：“追加100亿日元投资”，好似拧水龙头从自来水管放水一般。可现在，要有哪家企业再用这种做法，就会被认为很愚蠢。基本上来说，如果不懂资金的运作方式，那么公司的股价很有可能跌掉50%，甚至被大量抛售。

要问为什么，原因在于那些持有公司股票的人，从来就不是你亲密的伙伴、合作方，或者银行，而是全球机构投资者。全球机构投资者不光注重公司的未来发展，更长期持有用于支付养老金的资金等。如此一来，只要分红能高于银行存款，那么即使未来盈利能力出现若干问题，经营也能维持下去。

而一旦这种做法行不通，股票就会被抛售。如果你有一笔资金，你会如何使用？是用于分红、购买自家公司股票，又或者进行积极投资呢？你必然会经受这些考验，而这也就是“与市场对话的能力”。

这可不能让财务部长做决定，在自己当上社长之前，你必须彻底掌握这些技能。

金融意识对于决策者而言是最重要的技能之一。

决策者必须拥有“ICT 意识”

要说第三个领域是什么，答案是“ICT 意识”。

身为决策者不能不了解 ICT，但这并不是要你亲自去编程，而是你至少要知道，目前 ICT 都能做些什么。为此，你需要去了解全世界 10 个左右拥有最佳实践方案的公司，例如 Inditex，它们拥有全世界最好的体系。

从 Inditex 最具代表性的品牌“ZARA”就能看出，它们的市场中有些国家常年酷热或常年寒冷，也有沙漠国度、热带国家。它们有能力在必要时将商品快速送抵这些国家。优衣库不一样，它们是事先决定明年秋天推出这些款，然后一口气订个 3000 万件。而正因为之前没有 Inditex 那样的体系，我才对柳井正说：“最好能研究一下 ZARA 的体系”。

我曾亲自跑到西班牙西北部拉科鲁尼亚的 Inditex，要求参观它们的体系。我在西班牙也出了不少书，所以对方很热情地为我做了全部展示。我看到位于六本木的 ZARA 踩着时限订购的商品，在 24 小时内被送到了日本。

对方也让我看到了他们之所以能做到的理由——那一套体系非常强悍，是丰田流的准时制生产体系（Just In Time）和类似 FedEx（联邦快递）的物流体系完美运作的产物。

于是我说“你们把丰田的 JIT 搬到了服饰行业上”，对方回答“我们找的是丰田的顾问”，从业界尽人皆知的丰田那里学习了这样的做法。再来看类似 FedEx 的物流体系，工厂实际使用的是 DHL（中外运敦豪快递），但据说体系是从 FedEx 学来的。

不仅如此，假设我告诉 Inditex 现在东京流行“斜裙边”，对方就能在一周内制作出来并出货。包括设计事务所之类的环节在内，我也都去参观过了，给我的感觉是这套体系果然厉害。日本的任何信息技术承包商都做不出相同的一套体系，因为这是他们自己花心思特别定制的。

日本企业在此类物流系统 IT 化方面，落后得太多。如果问为什么，原因就在于决策者让 IT 负责人来负责这类业务。而 IT 负责人并非物流专家，就找到 IT 承包商。于是 IT 承包商说“物流应该这么搞”，拿出 20 年前遗留下来的技术开工。最后做出来的东西根本没什么用。

总之，决策者要想培养出 ICT 意识，就像我刚才所说的，有必要自己亲眼看看 10 个左右全世界最先进的体系。懂的人和不懂的人，或者说懂这方面的公司和不懂的公司，在这个领域花费的成本会相差

10倍以上。此外，拥有ICT意识还能提升速度，避免积累过多库存。也就是说，ICT对企业的盈利及成长有着决定性的影响。要说这影响有多大，只有去看看世界最先进的体系才能明白。

如果时间条件和经济条件不允许你前去参观的话，你也可以在网上搜索，大部分信息网上都有，你可以先把它们好好学一遍。比如，看看日本同行的体系，与国外同行中最先进企业的体系有什么差别。将此设为自己的课题，花个两三天周末闲暇时间就能弄明白了。

比如ZARA，网上随便就能搜到很多信息；又比如思科系统公司的系统，也能轻易搜出大量信息。你可以如此利用休息时间来锻炼自己的感觉。这件事在成为社长之前必须做，等当上之后再学就晚了。要是只知道给相关部门下命令，那你只会让自己成为牺牲者。

第一代经营者的强悍之处

日本有很多企业，比如索尼等，都可谓进入了“终末期”状态。那么这类企业今后应该如何发展？不仅索尼，松下、日立也都一样。要我说，这些企业的经营者都是职员型经营者。他们与战后第一代经营者不同，没有创造出新的东西。不创新就没有活路，放眼全世界便会一目了然，正在成长的公司永远在创新。如果创新不能占到公司总业务量的三分之一，公司就无法发展壮大。企业想要生存，创新能力是不可或缺的。我曾就职于日立，日立其实具有创新的底气，只是私以为决策者并不具备足以激发这种创新力的能力。

若想要实现真正的持续发展，还是需要大胆创新。日本目前的经营者这方面力量过于薄弱，他们不够随性。看看日本战后第一代经营者，索尼也好，松下也好，本田也好，他们就相当强悍，敢于不计后果地创造新事物。

例如本田，现在的本田是世界第一摩托车生产企业，但在二战刚结束时，日本的摩托车厂商多达260家，生存至今的只有4家：雅马哈、本田、铃木、川崎，最终有两家堪称业内巨头。他们从国内激烈竞争中脱颖而出，并发展壮大。本田开始开拓全球市场时，已具备了独一无二的实力，才成了世界第一的摩托车生产企业。

然而本田宗一郎却表示，想生产汽车。当时的通产省闻讯，阻止道："日本的乘用车公司已有9家，美国只有3家。日本国土狭小，以铁路为主，不需要什么汽车，不要再介入了。"

不过当时正巧出台了限制汽车废气排放的马斯基法。正当人们为排放问题焦头烂额之际，本田却凭借新开发出的CVCC发动机打入了汽车业界。当他们在国会宣称"我们公司做到了"的时候，再没有人出来阻止。本田正是抓住了这样的机会。

所以说本田宗一郎的创新力是非常强大的。

这样的创新能力，第一代经营者中的每一位都具备。比如三洋，它的名字意味"三个海洋"。三洋对海外市场非常重视，也进入了许多发展中国家，创造了大量新市场。

夏普的起点，源自于创始人早川德次所发明的具有划时代意义的商品——自动铅笔。松下也是从生产双口插座开始慢慢创造新商品的。尽管松下电器长年被人戏称是“仿造电器”，但企业本身的创新实力照样相当雄厚。要我说，这家公司卖的就是创新，比如松下连锁店，建立这种组织行为本身就是革新。现今社会任何一家出色的企业，都和战后的第一代十分相似。

比如三星的李健熙会长，就是看着那个时代成长起来的。三星强就强在营收相当于韩国 GDP 的 20%。之所以能做到这点，原因在于决策者对企业的决策不是和人商量出来的，而是根据个人意志决定的，这与二战后第一代日本经营者几乎一致。李健熙是在日本受的教育，并受到那些人的熏陶，这方面与当时的松下极为相似。

再看中国台湾地区，台湾地区有两家公司，一是张忠谋创办的半导体制造公司台积电，二是郭台铭创办的鸿海精密工业。这两家公司同样是在唯一决策者的带领下运作的，不存在商量，全凭决策者一个人独裁者似的意志决断。

成长期的日本企业采取的做法，常常是把目标定为“如何把前人做过的事做得更快更好”，再在此基础上一边协商一边推进。长此以往，能够像一名独裁者一样做出决策，并且具有全球意识、金融意识、ICT 意识的决策层越来越少，而这就是问题所在。

习惯规避风险的现代经营

对于创新而言什么最重要？当然是承担风险。貌似日本的专利申请数量本身不少，但这和创新没关系。专利这东西没有任何意义。我以前在日立工作，公司规定每个工程师每年非申请一项专利不可，这有什么意义？回顾这20年里出现的足以撼动全世界的企业中，日本企业有几家？建议诸位思考一下这个问题。这方面美国力压群雄。再来看看，这些美国企业中谁的贡献最大？首先是美国人，其次是以色列人、中国人、印度人，最近俄罗斯、白俄罗斯等东欧人也开始冒头。一个日本人也没有。

在日本出生长大的人，不可避免地看着前人的背影成长，也遵循了“枪打出头鸟”传统。或许在成长期这种做法没有问题，但眼下的时代，已是非打破这传统不可了。

只有能做到破而后立的人才能雕琢时代，也就是英文中的“Shakers & Shapers”，首先要做的是撼动。曾经在成长期以承担风险为战略的日本企业，目前越来越倾向于规避风险。大多数日本人都不愿意承担风险，这是个极大的问题。

那么，是不是日本人向来天生无能呢？当然不是了，刚才我也说过，战后的日本人勇于承担风险。我们曾经面不改色地做的那些事，在美国人和欧洲人看来简直不可思议，他们纷纷表示“能不能让那些日本公司别发疯”“真搞不懂他们在想什么”“我们无法理解冒险家”。就拿雅马哈的川上源一来举例，他建立了投资高于自身资本金的工厂，借此大举进军钢琴市场。这种做法，连钢琴生产的本家德国也大吃一惊。

鲁莽也好，随性也罢，总之战后的日本涌现出了一大批这样的人。现在的日本人错就错在太谨慎。无论日立、索尼还是松下，都谨慎过了头。这样谨小慎微的日本根本不足为惧。从这层意义上来说，还是李健熙他们够随性。随性说白了就是独裁，目前爆发式成长的企业领导人都是独裁者。

那我们应该怎样创新？这因企业而异，但必须尝试。我会做众包，而且未来不止众包，还要获取众包的成果。我会把公司分成三部分，打造一支支以创新为目的的部队。我不要求所有人都去创新，必须有一部分人守成，一部分人开拓，还有一部分人去破坏，在此基础上去创新。必须有所分工，不能要求一个人把所有事都做了。此外，在思考创意的阶段，破坏者是必不可少的。但想在公司内找出这种人才非常困难，因为大企业中大部分人的人生轨迹都很类似——考入好大学，获得优秀成绩，进入知名公司。那么在他们的“群体选择”中，“创新”就排在了最后位。他们天生具备这种特性。

命令一群这样的人努力创新，实在是强人所难。他们没有这种经验，也不具备这种染色体。他们自幼生长在一个只有考出好成绩才能取悦父母的环境，而当进入大公司，却被要求否定前任、去搞破坏，又怎么可能做得到呢？这简直就好比要求猫咪汪汪叫一样。所以，要么找外面的人完成这项工作，要么趁早从外部将有此类经验的人纳入公司，就是这么回事。

综上所述，要想将来成为决策者，就得趁早锻炼全球意识、金融意识、ICT 意识，外加创新能力。在今后的经营中，时刻留意这些要素是企业发展的关键。

2014 年 6 月

前 言

大前研一

现今社会，企业经营中发生奇迹的例子越来越少。环境、竞争、员工的工作欲望，如果置之不管只会日渐颓败。日元贬值能让企业松一口气，却无法令其与竞争对手之间出现相对的差异化。

现今时代需要综合性对策，仅仅改善某个特定部门无法提升竞争力。或者说，只有对公司各部门同步整改，才不会使对于改善个体所做的努力，因统括整体的现行规定化作徒劳的泡影。营业弱了，设计、生产也会弱；海外弱了，国内也会弱；财务弱了，生产也会弱；推广弱了，营业也会弱。对于一群思维狭隘、只会把业绩恶化的责任推卸给其他部门的管理者而言，这样的情况令他们束手无策。内部组织存在错误的公司、运营规则不合时代的公司，都制定不出优秀战略，无论付出多少努力也只会事倍功半。

现今时代人才最重要。曾经在成长期，企业只要确定各自业务范围努力奋斗即可。而现在最缺的，是能从看似矛盾的事项中找出它们的相互关系，做出中长期判断的超级多面手。此外，相比普通专家，企业更需要的是能够在专业的道路上奋勇直前，再次攀登至巅峰的超级专家。如今产品寿命越来越短，像玩传送游戏一般从容不迫的功能型企业无法生存。将生产、销售、技术的一系列决断权交由特定的个人，事事快竞争对手一步，这才是唯一的方法。

在现有的组织运营体系和企业水土的束缚之下，培养不出优秀的海外人才和国际人才。可没有优秀的人才，又无法开拓海外业务。要在组织内部开展海外业务是不可能的。即使组织能帮助优秀人才在海外大显身手，可只要没有企业家，就无法在国外真正推展业务，也做不到聘用和培养优秀的当地人才。只要有了人才，濒死的业务无论是想东山再起或是尽量全身而退，都不再是问题。然而，培养人的是组织和水土，救世主几乎不可能突然降临到长年执行错误方针的组织和经营水土的企业里。让组织和水土必须跑在时代之前先行变革，人才能逐步成长为符合这种架构的人才。

现今社会竞争残酷。在与日本企业的竞争中败北的欧美企业无法得到真正心安的救赎，而那些因结构性衰退而败给欧美企业的日本企业，想必再也找不回笑容。未来也会有若干企业被发展中国家打败，若不想沦为败者、至少保住自家公司，就只能率先果决执行大胆战略。这个时代人力富余、管理者富余，那些在国内竞争中失败的企业，等待他们的，要么是红灯或失去战斗力的员工，要么就是债权者。

生存战略非常明确，如果做和别人一样的事情，就要比他们做得更彻底。要是方向相同，就必须靠速度和深度一决胜负。这就意味着制作同样东西的成本必须大幅降低，或是流通费用比对手减少一半。如果这样的正面攻击无法带来胜算，就得设法转移阵地避开强者。此外，即使强者也有必要主动撤离群雄割据的战场，以避免浪费经营资源的互相扯皮。这就是差异化战略。

只有与竞争对手做到有效的差异化，市场占有率和营收才有可能增长。并且，其意义并不在于差异本身，而必须是基于一些指向客户本质的东西，它是公司借以立足的强项，以及当遇到紧要关头能以此开展防御。差异化战略的优点，在于无论企业规模大小都有效果。如果参与同一种游戏，自然是规模越大越有利，可如果转移战场，大小就变得无关紧要了。大而无能和小而优秀的公司都比比皆是。现今时代不再拘泥于内容。在此前提下，我会在正文中详细讲述几项能用在差异化中的道具。系列的读者或许会觉得某些部分不好理解，但在读过《麦肯锡现代经营战略》《麦肯锡成熟期成长战略》的读者看来，这或许能自然地成为突破经营课题的方法之一。若本书能为读者跨越自身及自家企业的障碍提供助力，将是我无上的荣幸。

此外，本书编写由本公司顾问各负责一章，全文整理由若松茂美和我直接负责。

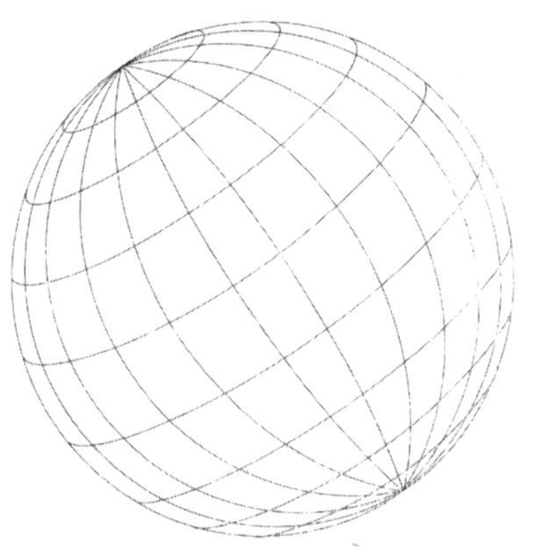

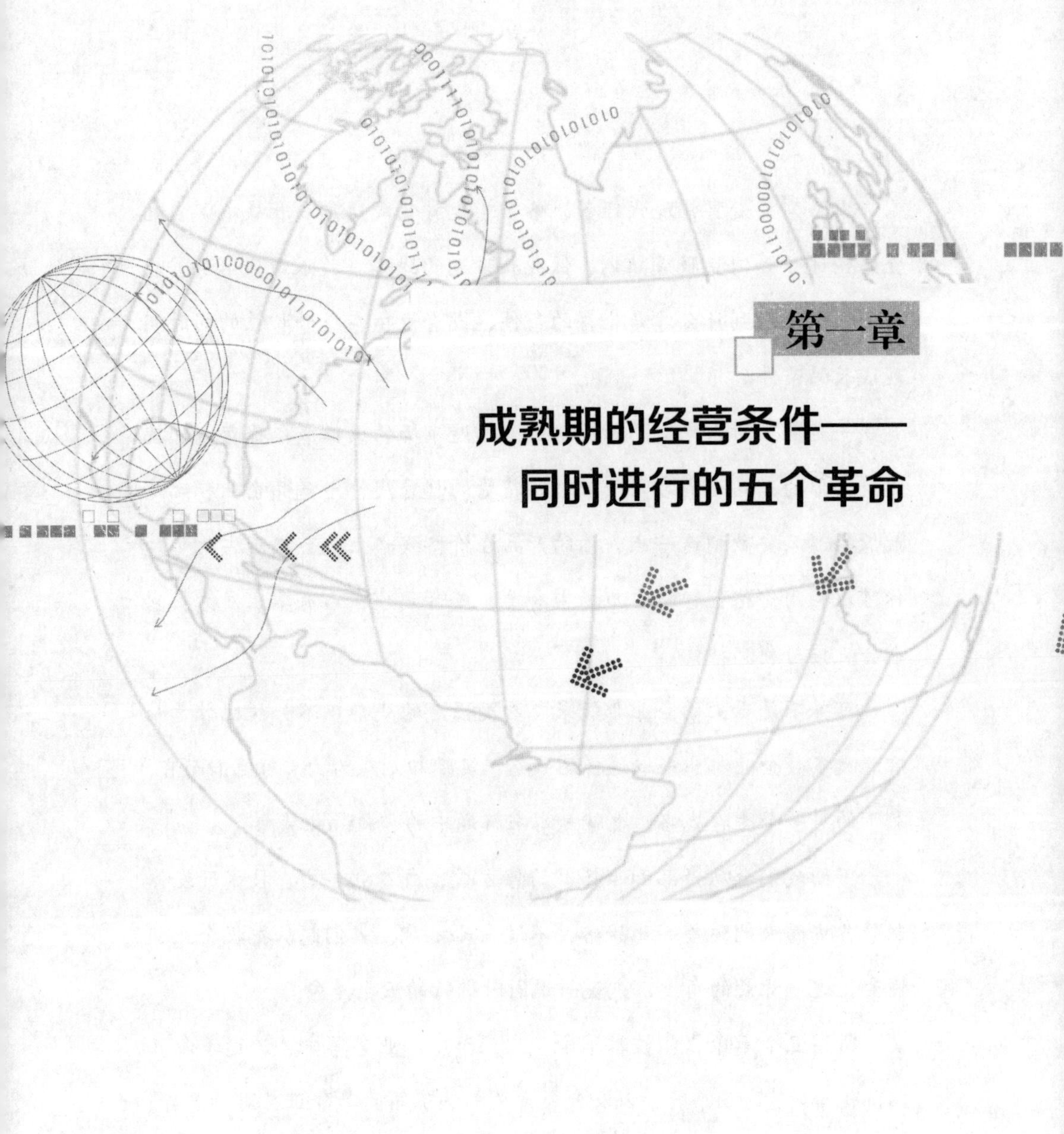

第一章

成熟期的经营条件——同时进行的五个革命

本系列《麦肯锡现代经营战略》《麦肯锡成熟期成长战略》自始至终论述了如何克服成熟期、低成长时期的战略。放眼现代形势，我们能清楚地看到什么才是生存的条件，或者说，在提升收益的同时实现成长的条件。

一是确立所谓绝对的强势地位，打造市场的最低成本优势。也就是说，你的产品送到客户手中时所花费的总费用，与竞品企业相比是最低的。只要做到这一点，你的产品在价格战略上就会极度占优势。你可以利用价格优势抢占市场占有率，或者无须在占有率上发力，它也会直接与利润挂钩。

可并不是世上的企业都能采取这类强者的战略。不如说就数量而言绝大多数企业都想采取这样的战略，实际却无能为力。对他们而言，剩下的另一个生存战略，也就是本书标题中的“差异化战略”。

下面我们会从产品和市场、销售方式、成本竞争力、技术开发体制等各方面来阐述差异化战略，不过在此之前，我们想从把握企业环境变化这一背景的角度，先说一说同时进行的五个革命。

所谓五个革命，指技术革命、生产革命、业务革命、流通革命、国际化革命，这五个背景以及代表意义截然不同的革命正在同时进行。这些革命会对原有的经营方法带来重大改变，从这层意义上来说，其影响难以估量。

一、技术革命

基因工程

首先来看“技术革命”，尤其在基因工程等高科技生命科学衍生领域中，出现了大量技术革新。

此外，还有与之相去甚远的电子学领域。美国把这场革命称为“微电子革命”，但如果将曾经晶体管的出现带来的变化看作电子革命，那么现在进行的，可谓将它进一步小型集约化的微电子革命。

接着是能源革命，这是由石油价格高居不下而诱发的替代能源革命。

再加一条，也就是所谓的新材料革命。曾有大量材料其物理性质从未被纳入视野，而现在已有大量这种材料陆续进入了应用阶段。

这些事物的原理其实早已被人们所了解，而在这一两年内，它们的应用和经济价值也在逐渐得到全面认识。

比如基因工程，在目前的食品企业、制药企业、化工企业——诸如会使用到各种催化剂的企业，或者逐渐渗入精细化工领域的企业中，占据了极大的重量。

举个例子，基因工程已经对生产技术本身带来了影响。人们抛弃了生物反应器这种需要使用催化剂进行反应的传统复杂设备，改为利用生物进行反应。如此一来，一个简单到甚至算不上制造业产物的箱子，就能让化学反应进行了。

微电子

在电子学领域中，微处理器、传感器、驱动器等产品陆续诞生。一直以来家电、商务电器、生产机械三个圈子互不相干，但最终由于微电子的发展，产业三合一的可能性也逐渐浮出水面。

例如现在正受到热议的机器人。目前机器人的眼睛使用的是砷化镓系传感器，如果探测到从传送带上传来的是 A 产品，处理器就会命令手臂的驱动器按 A 产品的要求做出动作。这就是机器人，非常灵活。不同于传统大批量生产中依照固定模式的生产，它适用于中等数量品种小批量生产或多品种中等批量生产。这类机器人的眼睛部分，使用了电荷耦合元件 CCD，或 linearmos（译注：原文这部分有错，把电荷耦合元件的 charge-coupled device 写成了 charged-couple device，并且

后面的词用原文リニアモス仅能检索出一条本书原文片段，直译英文 linearmos 也找不到对应解释，猜测作者可能想说 CMOS）。

如此一来，它其实就与录像机的镜头部分使用了完全相同的技术。而等今后复印机数码化时代来临，镜头的部分又能被用来制作复印机的读取部分。想得更远一些，在镜头本身被电子化的过程中，也会使用相同的技术。

最终，这类能像人眼一样运动、处理画像的技术，可以用在家电中的录像机、商务电器中的复印机、用来传真和搜索情报的读取机械，以及在工厂生产中使用的图像传感器，等等。尽管用途不一，但就技术要素而言几乎完全一致。也就是说，一直以来被认为属于不同产业、业务的商务电器、生产器械、家电产品，会随着微电子技术的发展，而变得几乎同根同源。

家庭银行的时代

看看最近的商务电器，比如电脑也带有 CRT 显示器。CRT 显示器和家用电视构造完全相同，反过来想，家用电视其实也可以作为一台显示器，装上键盘打印机软盘驱动，俨然就是一台电脑。此外，如果信息传送能像有线电视信号传输那样，那么类似于从住友银行某某支店向三和银行某某支店汇款的动作，就能在家庭终端上操作了。

要是能用签名的二次微系数传真代替日本广泛使用的印章，来确认是否本人操作的话，人们汇款就不用亲自前往银行了。这些都将会逐渐与家庭银行挂钩。

此外，目前报纸还需人力每天配送，很快，利用类似于传真机的装置每天为各家各户传送报纸内容将成为可能，不需要了关掉机器即可。信件也一样，能通过电话线路用传真机传送。这也就是所谓的电子报、电子邮件，这方面使用的装置几乎是相同的。

于是作为输入装置的终端、输出的显示装置 CRT 显示器，以及需要硬拷贝的打印机，就变得越来越关键了。这时候将屏幕与立体声装置组合成多路传输播放，人们不仅能观看电视节目，还能欣赏视听光盘。

行业领域革命

微电子革命把原本互不相干的商务电器、金融等领域紧密地连接在一起。一些长年泾渭分明的不同行业，也将融为一体。如此一来，原本人们认知中家电厂商生产电视机的概念被彻底颠覆，报社和电视台开始为家庭提供此类服务，电视显示器等等开始作为服务的附加商品销售，又或者报刊订阅的形式，也可能变为订报纸附赠显示器。

目前在美国，有线电视已经渗透了大约全部家庭的 30%。而这个有线电视网的支配者，未来有可能支配上述一切业务。包括《纽约时报》在内，各种知名电视台、电影公司、ATT、IBM 等大企业都在竞相收购有线电视公司。他们之所以这样做，并非是瞅准了能用有线电视收看《乱世佳人》的小功能，而在于所有家庭都通过这套同轴线路连接着相同的网络，有了它或许就等同于掌握了完整的信息服务网——基于这种想法，有线电视的收购战役已经打响。

从金融业、新闻业、出版业、广播电视业到家电产业，自然还有被称作“家用计算机”的低端商务机，全都会受到影响。这是一场大规模的革命，至于会到达什么程度、多少年后才能见分晓，还是未知数。这里我想说的是，假设目前各位读者所属的公司业务是生产商务电器或者销售立体声设备，那么你不能仅仅顾及这部分业务，也不能单单考虑业内的竞争对手，否则企业难以获得安泰。

到那时所需的技术要素，或许会有其他行业的企业凭借强大的资金和研发能力开发出来。如此一来，与其浪费大量时间自行开发全部所需技术，倒不如率先从外面拿成品来应用。而这则会迫使自家企业的研发体制及相关环节不得不做出巨大改变。

二、生产革命

急剧降低的工数

在“生产革命”方面，FMS（Flexible Manufacture System，柔性制造系统）思路就是其中之一。FMS 或工厂自动化（FA）在经营上的意义在于，由于不再需要人工，收支平衡点便能降低。

这个意义是非常重大的，假设真的建立了近乎无人的工厂，目前的南北关系——发展中国家和先进工业国家的关系就会变得尴尬。

目前，日本对新加坡、马来西亚、菲律宾、印度尼西亚、泰国等国家的投资已经完全冷却，原因之一在于这些国家仅相当于日本人三分之一、四分之一薪酬的廉价劳动力优势在逐渐消失。要问 20 世纪 70 年代日本的尖端企业做了哪些努力，那就是降低工数而非削减劳动力成本，他们花了大力气来压缩工数。用生产电视机的工数打个比方，

1975 年要求的工数是 100，1980 年的要求则减少了 50，也就是说零件数量的削减在推进，几乎所有公司在这 5 年内都降到了半数以下。品质随之上升，组装工数也相应减少。而减少的组装工数部分则导入自动化装置，进一步将人工置换为机械，用越来越多的机械取代人力。

这样做的结果，就是将日本优势产业的各种直接工程费降低了 5%。当劳动成本仅占 5%，为了节省其三分之一即 1.5%，假设即使在马来西亚建立组装工厂，仍有半数以上主要部件得从日本运过去，所以效果并不明显。而马来西亚又没有市场，可要是把它们运到美国，又得增加百分之十几的运输费和保险费。

当劳动薪酬占 25%~30% 的时候，三分之一就是 7%~8%，而这时的节减效果就非常大了，高达 17%~18%。所以，日本才有必要在劳动力廉价的国家设厂。

可现在日本的主要企业在石油危机以后，花大力气推进了劳动所占比例的降低，在劳动力廉价的国家设厂的优势已经消失了。而这正是日本企业不再直接进入东南亚国家联盟其他国家的最大原因。

美国模仿不了日本

欧美企业在 20 世纪 70 年代未曾做过类似努力。零件数量、组装工数几乎数年如一。于是再乘以它们高昂的工资率，竞争力就变得越来越弱。

用汽车产业举个例子，福特公司雇用的全部员工数量据估算在 49

万人，约为丰田自动车的10倍，而生产的台数上，1981年丰田却是更多。日本所有汽车生产商和所有零件制造商加在一起也不过67万人。然而，光通用汽车一家公司的员工就超过了70万人，再加上还有零部件需从外部采购，总人数高达200万至250万人。

美日汽车贸易战的时候，美国方面称由于丰田劳动者的工资低于通用和福特，所以竞争并不公平。而这部分较低的薪资，到了现在已经小到可以无视了，甚至可以说双方的工作量就存在巨大差异。就算丰田按照通用的标准给员工支付薪酬，也不过是减少了1.1%的销售利润率，其竞争力丝毫不受影响。

现在日本几乎没有哪个龙头企业的员工人数是不断增加的。龙头企业员工数的峰值出现在1974、1975年，过去十年里人数一直在减少。于是最后，销售额翻两番、三番的同时减少总人数，减少的部分逐步用机械来取代——将人力更换为机械，这就是所谓生产革命的着眼点。

在眼下贸易战争的背景中，彼此间在生产革命的理念上就存在巨大区别，这也是无法轻松解决的问题。欧美企业有自己的一套方法，无法硬性要求他们采用日本的生产技术，比如要求设计部门使用日本那一套设计技术——通过减少零件数量等压缩工时的施工方法和开发工程。另一方面，欧美企业对这类技能掌握得很少，所以它们难以做到。即使能做到，为了变得与丰田一样，福特也不得不解雇30万人。站在政治的角度，这种做法也是不现实的。日本早在20世纪70年代就已经掀起了生产技术革命，时至今日更是向着FA、FMS进发。而与日本相比，美国就连起步都非常困难。

美国并非在技术上落于人后。无论是机器人、FMS，还是 Calma 公司的 CAD/CAM（计算机辅助设计斜杠计算机辅助制造），美国样样具备，甚至可以说日本做出来的东西在生产技术上不值一提。我的意思是，美国的问题无法只靠现实中企业竞争理论来解决，除了政治手段以外没有其他解决方法。

无竞争力的日本第三产业

那么再反过来，说说日本企业整体的竞争力究竟是高是低。先前列举的日本优势产业仅占日本总劳动就业者的 13%。有 65% 的日本人口都在第三产业工作。这部分人的 GNP（国民生产总值）除以就业人数后，第三产业每个人的生产能力比美国低三成以上。第三产业包括金融业、流通业、运输业等等，日本在这一部分的国际竞争力实在过于低下。

从大米价格相当于国际米价 4 倍这一点就不难看出，尽管有约 10% 的人口从事第一产业，但除去水产行业外，第一产业同样毫无国际竞争力。

也就是说，第一、第三产业合计 75% 人口所从事的工作，站在国际角度看都是毫无竞争力的。再看剩余 25% 人口供职的第二产业，化学、视频、医药品、防卫、航空等行业都无力与美国、德国匹敌。这部分人口比例约占 12%，除此之外就像先前提到的，从 20 世纪 60

年代后期到20世纪70年代掀起革命，在获得真正的国际竞争力后，以“凭借出口为全国带来贸易黑字”为原动力的劳动者，仅占就业人口的13%。反过来说，相当于10个人里只有一个人从事的工作具有国际竞争力。我们对此并没有认识，海外也没有。从这层意义上来说，日本可谓抱着一堆“定时炸弹”。

简而言之，如果彻底放开第一产业，那么6%的农民将全部失业；要想使流通业能与美国比肩，则会出现600万失业人口。那么现在的贸易战争必须站在“我们仅有13%强者”这一认知的基础上，采取柔和的交涉姿态。日本的报纸和政治家们纷纷议论，认为强势产品进入美国是理所当然的，可实际上这非常危险。当对方拿相同理论要求我们的时候，就会像我刚才所说的那样，仅第三产业的流通业就会有600万人失业，农村也会出现360万失业者。

我们的超优等生只占13%，可现在国内国外全产生了“日本本身就是优等生”的错觉。在名为贸易收支实为物料平衡的现代，用孰胜孰负的说法是极其危险的。

企业间差距日益增大

在诸如此类背景下发生的生产革命，相信今后会在日本的优势行业中愈演愈烈。在今天积极推进FMS和FA的，也都是些优势行业，比如商用电器、家电、音响器械等领域。资金向着已具备国际竞争力的地方追加，使生产变得更省力。就拿半导体生产来说，5年前这还是个劳动密集型产业，零部件在出无尘室以后，会被送往菲律宾、马来西亚和中国台湾地区等地进行装配或包装。而现在，几乎没有公司会这样做了。现在的半导体行业和化学行业一样，只要在机器的一头放进晶元，成品就从另一头出来了。说得极端些，这类生产已经不需要人力参与了。也就是说日本的半导体企业已经完成了从劳动密集型产业，向资本密集型、设备投资型的巨型产业蜕变的过程。而欧美未能完成这样的蜕变，这也成了日本企业与它们之间的矛盾所在。

归根结底，生产革命在一方面催生了企业间激烈的竞争差距。这也就意味着，那些想法保守、只会将利用廉价劳动力作为基础生产方式的公司，必将遭到淘汰。而作风大胆，认为人力劳动终将消失的公司反而能够获得胜利。劳动（工资）必然伴随着通货膨胀。无论去东北还是去菲律宾，都不可能避免通货膨胀的因素。顺带一提，说到工资上涨，发展中国家比日本涨得更快。所以说，只要企业竞争力依附于带有通胀因素的人事费，那么它就不可能保持强势。

但有一点，当企业遵循这样的理论增强了竞争力，从宏观来看，国家整体终究会遇到先前所说的贸易问题。但站在企业经营立场，首先必须在减少人工占比的方向上打赢局部战争。要是从现在就开始介意国际收支或是贸易战争问题，继而得出“为了日本，我们公司还是别增加竞争力了”之类的结论，那就非常荒谬了。

而从微观来看，一家企业在推进生产革命这一点上必须比其他企业更快一步。而作为国家的运营者，则需要站在大局角度解读其中意义，另行对策。

CAD/CAM 热

下面就刚才提到的 CAD/CAM 来说一个有趣的问题。

随着生产革命的进程，设计、工程管理、工程推进等环节的人员也陆续增加，而为他们提供技术支持的人也越来越多。这些人的薪酬和受教育水平都很高，所以这部分工作节省了非常多的人力，这就是今天的 CAD/CAM 热。而当利用了 CAD 的设计技术、因设计需要带来的零部件采购，或是生产安排等因素，与同样节省人力的企业联动起来，企业就会比其他滞后的企业再快上一步，加剧差异化的发展。

半导体生产厂商在模具设计上已经相当多地用到了 CAD。我认为今后在商用电器、家电、音响器材、精密仪器等领域，CAD/CAM 将成为差异化的重要决定因素。

零基础生产

现在有一种思路叫作 ZP——零基础生产（zero-base production）。

推进生产革命的过程中，有种做法是在已有的工厂中逐步用机器取代人工。被直接工程费覆盖的员工，非常不愿意看到自己想做的工作和容易做的工作被机器所取代。之所以日本导入机器人的过程比美国更顺利，原因在于日本是从脏活累活开始用机器人代劳的，比如从涂装、焊接、搬运重物等人类向来反感的工作开始替换。而现在一些例如组装之类比较干净轻省的工作也开始被机械剥夺，因此劳资关系变得越发紧张。

不对已存的环节多加干涉，先将生产和设计成本按零计算，然后制定一个目标成本，使得商品定价能与成本相符，再按照成本价格来安排相应的产品设计和工厂设计；将现有方法、人力、设计、配件调配等成本全部归零，再设定一个目标价位，确保商品按此价格能在5年内保持绝对竞争力——这种做法，就叫“零基础生产”。

零基础生产必须首先将设计本身归零，所以有些公司将这称作“价值设计（value design）”，但我认为也可以称之为“零基础设计”。这类做法，很可能成为今后生产革命的重要部分。

三、业务革命

网络的形成

下面要说到的业务革命，其背景不用我多言，源自于近来掀起的OA热。这同样受到我先前提到的微电子技术革命的影响。

业务革命存在多种要素，其中一项就是前文提到的互联网的形成。间接业务一般指制作数据、分析数据等工作，但这些工作都是为一定的目的服务的。也就是说，间接业务本身常常不产生价值，只有当它为某个目的服务时才开始产生价值。在本系列前著《麦肯锡现代经营战略》中，作者就从这个角度介绍了一种叫作OVA（间接业务价值分析）的方法。这种方法的第一步是精简业务，作被精简的环节节省人力，逐渐置换为机械。这是业务革命的正确步骤，千万不能把手头的业务流程整个给机械化了。人类能够轻松处理的工作和机械擅长的工作往往存在本质性的区别，而其中的一部分需要沟通和网络，而另一部分则渐渐会用到IR（信息检索）功能。

必须有业务装备率概念

更重要的是，随着业务革命的进行，用于购买机械的金额已越发庞大。人们对10亿日元的电脑人们已经习以为常；如果为每个部门都配备每台150万日元的文字处理器，也是一笔不小的费用。甚至慢慢出现了这种公司：一口气采购500台电脑，强行要求员工学会与电脑共同生活的方法。更有甚者，出资为一位设计者赠送80台电脑。几十亿日元的投资，正在这个领域发生。

如此一来，要是不把曾经用于工厂的劳动装备率等概念搬到间接业务领域的话，很难说不会发生OA破产的情况。只有妥善利用这些机械才不会造成浪费，所以我们必须清醒地认识到必须和劳动装备率一样，设置一个业务装备率指标，观察一下得到的产出是否符合投入。

例如焊工，职业技能分为一级、二级、三级等级别，自然薪酬待遇也不相同。而换作文字处理器或电脑的话，也就厂家的操作人员会花上一两个小时来讲解操作方法，并没有系统的内部培训，也无从检测半年后员工工作水准变得多么优秀。这就意味着，导入机械后几乎没有对人才的培训，无法使机械发挥出应有的功能。所以有一大半企业在导入电脑半年后，半数电脑都成了摆设。文字处理器也一样，用来写信确实很有趣，除此之外的用途就想不到了，又或者因为没时间钻研最终使其用途变得单一，无法发挥其真正的功能。忙时所有人都想用，所以只有一台不够用；而键盘只有一个，消化不了最大负荷，所以不用的时候就没人用了。

归根结底，问题在于肩负目前业务革命重担的商用电器生产商，没有站在用户的角度思考问题。其实只要把键盘和市面销售的设备组合起来就能解决上述窘境，而实际情况却是，厂商满脑子想着“我们比竞争对手的产品便宜 5 日元”，按这种思路做硬件开发。其实他们最应该思考的，应该是“用户是谁”，比如为秘书开发符合秘书工作习惯的产品。如果是只需要使用部分功能的外行管理层，那么包括对这些人的培训在内，要让他们掌握怎样的使用技巧，这才是厂商在开发时最该遵循的思路。

另外，是否应该为产品配备足以应对最大负荷的容量，或是通过网络使用额外的装置；应该针对哪种负荷导入这种装置——诸如此类的指南几乎为零。而在一些极端的公司还存在一些几乎不互通的重复投资，比如中枢部门使用的是 IBM，其他某部门使用日本电气，隔壁部门用的又是理光的发票打印机。

一般情况下，高层一提到生产设备都会以认真的态度来对待，可一遇到 OA 电器却又会订购五花八门的品牌干些五花八门的事情。今后这方面的统一与否将会给企业间带来相当大的差异，我以为这也是变革中需要注意的一个重点。

再说得远一些，当日常性的间接业务逐渐被机械所替代，作为人类而言应该做些什么、需要培养怎样的人才，也变得越来越重要。

曾经重视直间比例，但如果用相同的方法执行的话，人们思考的根源就会转变为“自然是间少直多的好”，即比如“我们公司相对直而言间太多了”的议论将成为常识。但当工厂的生产革命推进，直为零、只凭借间成立的公司同样会出现。反过来说，当间的革命不断发展而直落后的时候，直间比例必然会变得好看，却未必代表企业具备强悍的竞争力。直间比例这类传统指标，有必要随着 FA 和 OA 的推进做一次全新的审视。

就像现在必须导入相对于劳动装备率的业务装备率指挥那样，使用传统指标判断经营情况将逐渐失去意义。等到了那个地步，业务和生产的革命才叫真正的革命。

四、流通革命

日渐壮大的折扣店

现在，在生产商和顾客之间（即流通阶段），也在发生一种革命。我们可以认为这场流通革命的最终结果，是将生产商和顾客以最短的距离直接连接在一起。

例如东京新宿的友都八喜相机，就是折扣店的一个缩影。仅这一家店售出的单反相机，就占了东京包括周边县在内销售数量的 30%。要说为什么业绩如此惊人，那是因为它比其他普通销售渠道的售价低得多。而单反相机又是价值六七万日元的高档商品，关东周边的人们自然就去那里买了。如此一来进货量也相应增加，生产商也根据薄利多销的原则自然给出了极低的折扣，帮助友都八喜相机以更加低廉的价格销售货品。这就意味着是生产商助长了低价销售之风。这样一来，对生产商而言花10年、20年勤恳铺就的流通渠道就全成了负担，毕竟各家商店的销售数量太少，已有的商品无法采用低价销售策略。而对于折扣店来说，依照目前的销量褒奖制度，自身也不得不以最低价来销售。于是折扣店的价格继续降低，销售数量也逐渐流向它们。时间长了，从生产商处进货的价格比从友都八喜购买更高，于是已有零售店铺纷纷前往友都八喜进货。事实上前往友都八喜的顾客都能看到楼梯上写着“批发请上二楼”字样。由此可以看出，当折扣店发展到一定规模时，就会化身具备批量销售功能的超级代理商。对于生产商而言，折扣店等于在帮着它们自产自销。于是慢慢地，对价格的支配力就逐渐转移到了流通方。

为了避免这种情况发生，生产商便会采取直营模式——排除中间环节，开始自己销售产品。从这个动作能捕捉到一个线索，那就是传统的强者开始转弱了。这就意味着，一般来说打造流通渠道的第一步是设立直接管辖的销售公司，在其外部设立经销商，覆盖面越广的经销商越强势。但按照现在的做法，覆盖面大小已经无所谓了，只要销售点有能力单独设定价格，客人就会过来。哪怕覆盖面再小、店铺再少，只要价格够低，就能从附近争夺来客源。甚至可以说，传统强势销售渠道的拥有者由于害怕渠道被破坏，应对速度是最慢的。从这层意义上来说，折扣店的问题是一场相当大型的革命。

向最低价格的无限行进

我们可以认为这场革命的结果是，生产商的制造成本和顾客所支付的货款之间的差距无限缩小。这里可以采用一种最极端的观点：只要不到这个程度，流通阶段就无比冗长而空虚。

举个极端的例子，比如汽车生产商说只要客户来现场（例如工厂停车场）购买，就按生产成本 +15% 的价格销售。即使这样做，生产商照样能拿到 10% 利润，这种事不是不可能发生。另外在一些比如啤酒生产商那样有分散工厂的行业，如果销售策略是“以每箱 × 日元出售给开车来的客户”的话，一方面有太多人双休日闲着没事干，而且大家都有车，相信会有大量有车族趁着周末兜风的工夫蜂拥而至。

事实上友都八喜的价格也并不低。钟表、相机、家电等产品的生产成本一般是建议零售价的三至三点五成。所以购买这类耐用消费品所付费用中的六点五成，等于买空气。

友都八喜能便宜上三成不算什么，还有更夸张的。比如美国一家名叫 47th Street Photo 的店铺，这里的商品几乎都是日本品牌，而且价格比日本还要便宜三成。在日本打折后售价 29000 日元的商品，在这里 18000 日元就能买到。或许有人会说这是倾销，但还是按照离岸价格的设定方法，每件商品只要能赚 1 美元就行了。在 47th Street Photo 购买日本商品的价格，比日本最低价格还要低上二至三成，这一事实说明流通革命在日本还远远没有结束。哪怕看看眼下客户们的腰包，也足以认定这场革命将到达一个前所未有的程度。

47th Street Photo 不仅接受全美的电话订货，也接受信件订购。美国有一种开头是 800 的免费电话，他们就是用它来接收全美的订单。通过这种方法不断累积销售数量，然后从生产商处拿到大宗货物折扣，在店内推行薄利多销策略。

私以为尽管一方面在流通革命的反作用下也催生了一批推销个性的特色商店，但一般来说，流通革命最终导致的还是在低价格方面的极致境界。

五、国际化革命

圈内化

目前世界经济正在以贸易战的形式向着经济区域化方向前进，这意味着企业必须完全成为区域中的圈内者。也就是说，只要能成为美国或欧洲圈内者，就不用担心因贸易战争而遭到封锁。有一个很好的例子，在美日彩电大战时期唯独索尼没有受到波及。个人认为这是索尼以圈内者身份多方游说成功的结果，而从这个角度来看，圈内化就成了一个重要因素。只要完整地做到能在那个国设计、制造、缴税，为那个国家做出贡献，就可以了。

如果做不到圈内化，那么哪怕业务量再大，外派员工也是在面向本国或面对电报机工作。因为他们还没有从日本“断奶”，所以算不上圈内化。我们把这类圈内化概念称为多区域公司（Multi-Regional

Company=MRC）或多地区公司（Multi-Local Company），属于在国际化层面做到了差异化的公司（参照《麦肯锡成熟期成长战略》）。

目前大部分既存市场失去了成长力，于是就成长战略来说，要么国际化，要么开新业务。站在这个角度看，完成了多地区化成为世界企业的公司，与止步于日本的企业之间，不仅研发费用的摊销方法（分母）不同，通过生产规模和零部件的通用化实现的成本削减也不同。此外，这些公司还能在美国突然出现强力竞争对手时做出快速应对，防止在日本被打个措手不及。

将总部设在阿拉斯加

从这层意义来说，以全球企业的观点，JUE（日本、美国、欧洲）就显得很重要了。也就是说，在日本希望推销出去的中高科技商品中，95% 在 JUE 中生产，90% 以上在这里被消费。尽管都说什么进入发展中国家、中等发达国家等，而事实上附加价值高又能赚钱的买卖，只存在于 JUE 之中。

不仅如此，人们常常议论欧洲和日本的区别、欧洲和美国的区别等话题，但基本来说 JUE 或 OECD（世界经济合作与发展组织）的客户需求都在渐渐向一元化方向发展。当牛仔裤出现时，欧洲人一度轻蔑地说只有美国牛仔才穿，而现在去欧洲一看，所有人都在穿。麦当劳的汉堡进入欧洲时，欧洲人同样抗拒过，可现在欧洲的麦当劳遍地开花。日本的相机、电视机、音像制品，包括最近派通生产的滚笔，也都是随处可见。

这就意味着，在经合组织中相比国家不同、文化不同等“要素”，教育水平、收入水平、信息来源等方面其实非常相似。我们可以认为，一种全新的、堪称“JUE 国民”的身份已经成形。一种在营销策略上，可以被视为拥有同一目标函数集合的人种出现了。精工的钟表并不是针对欧洲特别生产的商品，这就代表企业不必刻意区分 1 亿日本人、2 亿美国人、1.5 亿欧洲人，而是面向 4.5 亿人群来开发商品。从这个角度起步的公司，与那些想着先立足于 1 亿人、等时机成熟再向 4.5 亿人铺开的企业，存在巨大区别。

所以说 JUE 类似于三条腿，而在这种情势下，必须保持同等看待这三根支柱。而立于 JUE 三条腿中央的，是具备总部的功能 GHQ（General headquarters）。JUE 三条腿的分量完全相同，全球总部则是为其提供服务的机构。这就是“国际化革命”。

事实上，美国及欧洲在这个领域非常落后。日本的先进企业已经凭借这一认知成功开发出了世界性产品，并从面向 4.5 亿新市民提供共通商品的起跑线出发。当然了，产品最终的颜色、尺寸等部分会出现地域性特征，这是理所当然的。但是从共通的地方出发，就意味着从“有这样一个 4.5 亿人的国度”的认知出发。在此基础上，在各自的区域内实行内部化管理。这便是新型世界企业的构想图。

在这时，我们可以在脑子里把 GHQ 当成设在阿拉斯加州安克雷奇的总部。从安克雷奇出发，无论去欧洲还是去纽约都只要七八个小时，也就是说路程相等。尽管我不认为真有人会把总部设在那种地方，但在思想上必须有这种认识，即对 4.5 亿人一视同仁，并在这种思路的基础上来经营日本的公司、美国的公司。

或许一口气做到这一点不太现实，但至少对于企业社会而言，所谓的世界化革命，一方面也意味着区域经济在宏观基础上逐渐形成的同时，基于与他方相同事实制定出的战略性差异化，正在逐步被用来作为封锁区域型企业的对策。

以上五项革命中无论哪一项都对企业经营具有极大的影响。差异化要素，或者说真正能让企业生存下来的差异化战略，可能诞生自五项革命中的任何一项。我认为当对手在某个领域有所斩获的同时，也会在另一个我们没有发现的领域慢慢失去活力。这就是在进入各论之前，我想先行说明的最近所关注的五件事。

（大前研一）

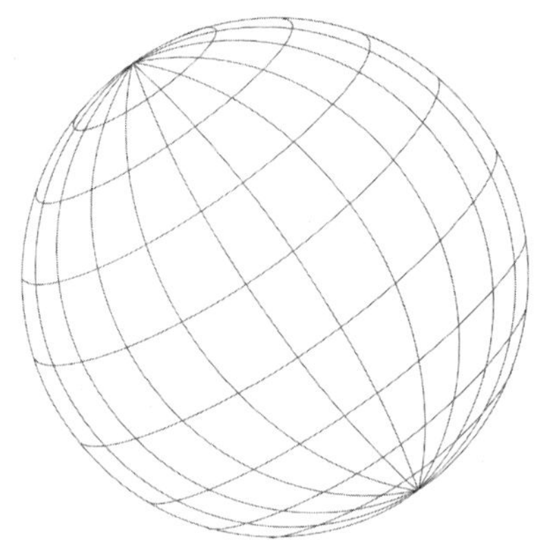

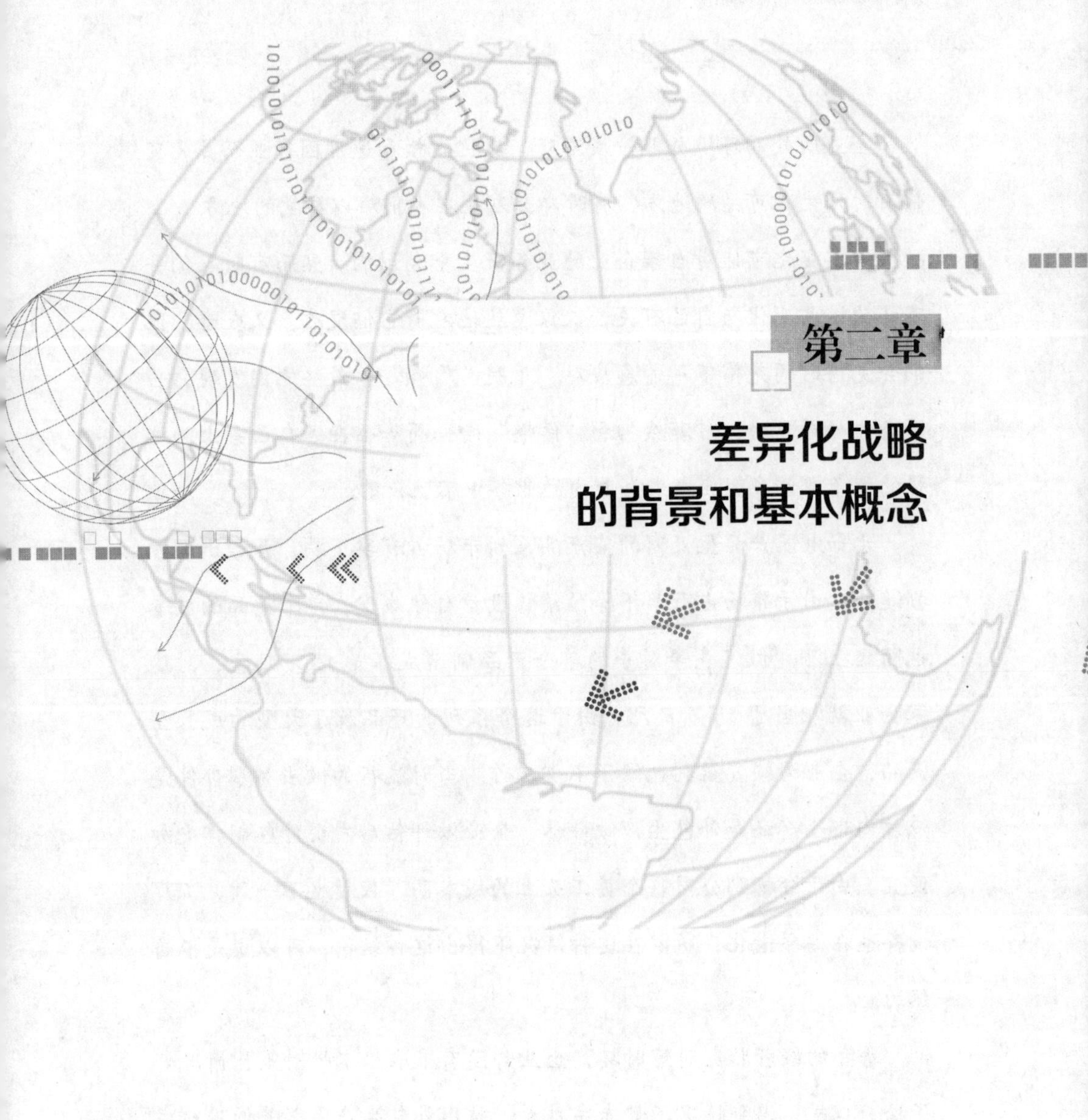

第二章

差异化战略的背景和基本概念

企业所处的环境并非一成不变，变化规模和速度因行业而异。变化有时发生在可见的地方，有时却会发生在人们难以察觉的地方。

有些变化可能对自家企业的业务产生重大影响。然而有时人们并不认为这些变化与自己有关，仅仅漠然地看着它们发生。又或者，他们会觉得时间充裕不用着急应对，干脆“偷懒”。最终他们发现，当事态开始严重时，“漠然”和“偷懒”的惩罚降临在了自己身上。这样的例子在许多企业或者企业内的业务中不胜枚举。

比如电器产品生产商的某产品系列市场占有率下跌，开始出现亏损趋势。由于市场占有率下降，销售数量自然减少，单个产品的成本也随之上涨。假定竞争对手的单个产品制造成本是10万日元，对这家企业就相当于15万日元。由于这个系列的产品属于大型的成长型产品，企业为恢复盈利也做了不少工作。当时流行的做法对零部件是应该内部生产还是外包生产做评估，企业做评估后发现外包制作更加便宜。由于分摊到公司每个员工头上的成本高，数量也不一致，工厂设备也在逐年老化，所以在这种情况下得出这种结论，可以说是很自然的。

每年的经营状况时好时坏，企业却没有采取根本性对策，情况好了松一口气，遇到情况不妙赤字扩大，就用外包生产寻求降低眼前成本。这种做法不断重复，最终公司决策者发现自家公司所剩下的，就只有对零件的机械加工、装配和销售服务功能了。就连产品核心部件都被外包了出去。失去了核心的产品，想夺回竞争力，可谓难上加难。

企业几乎永远丧失了令这项业务重振旗鼓的可能性。

市场的成熟化伴随着市场的钝化，其中必然会发生市场占有率竞争的激化。现在已经不是那个只要进军市场，占有率再低也能把生意做下去的时代了。如果在此局面下继续带着“暂时还没问题”的心态经营，就等于看着组织架构逐渐衰退。只看单独的内部生产、外包生产决策或许都很正确，可其他厂商、知名的竞争对手已经把伴随市场成熟化的成本竞争视为了成功的关键，为降低成本大胆进行了设备投资。在自家企业提升外包比例的同时，竞争对手已经设想好了如何充实内部生产。当醒悟过来，“为时已晚”。

如何才能维持和强化自己的竞争力？怎样才能构思出最适合自己的、只此一家的“差异化战略”呢？这是本书的主题。

一、差异化战略的背景

竞争力的重要性

首先，关于“差异化战略”变得必不可少的背景，有两点需要指出。

第一是竞争力的重要性，第二是直面业务构造性问题的必要性。

先看竞争力的问题。20世纪60年代是经济高速增长时期，当时市场还年轻，想导入什么技术就能导入，也不存在原材料制约，厂商可以低廉的价格随心所欲地采购，需要资金了就靠借款。在这种情况下，企业的管理层所关注的仅限于哪里有成长的市场。即使自家企业的竞争力存在一定问题，也一样能确保销售额；哪怕市场占有率低，也能获取一部分利润。

可到了20世纪80年代，局面急转直下。市场的成长越发缓慢，获得技术越来越困难。从欧美企业导入技术的障碍越来越大，自己做技术开发又需要一大笔资金。获取原料的难度也在增加，原材料价格高涨热度不退。在这种情况下经营企业，“漫不经心地跟风”的做法越发不被允许了。自家公司的竞争力会受到严厉的考验。只要竞争力存在问题，业绩就必然会恶化；如果具有竞争力，那么即使市场在成长上多少存在问题，也能确保业绩。事实上“剩者有福”的例子倒发生了不少。就算有些业务的市场已经成熟，成长停滞不再具有吸引力，但只要愿意发力，拥有压倒性的竞争力，也完全可能打造一项盈利丰厚的业务。

本田的小型汽油发动机就是个很好的例子。小型汽油发动机本身并不新奇，已经在市场上销售了几十年，并且这个市场看起来也不太可能急速成长。一般说来这个市场已经成熟，完全可以绕开这项业务，而本田却打出了“百万台体制”目标。当时本田的生产台数也不过10万上下，却意图做到100万台这个全世界尚且无人企及的生产规模，实现“压倒性的”成本竞争力。后来本田切实执行了这个计划，直到现在，本田在小型汽油发动机领域仍具有超群的实力。

再举个例子，瑞士有家名叫霍德班克的水泥企业，它在全世界都设有子公司，是水泥行业的异类。他们的利润率非常高，还有生产设备的简约化通用化、与当地知名企业合资，以及彻底的权限下放这三大组合要素作为特征。时至今日，水泥行业并非成长型朝阳产业。用麦肯锡瑞士支部社长的话来说，他们这是“用 uninteresting industry（无趣的行业）创造了 interesting business（有趣的业务）”。这是一个以成本和人脉作为竞争力的有效手段，成功开展独特战略的例子。

人造丝的情况也很类似。在合成纤维的冲击下各企业纷纷开始抛弃人造丝，最后全世界只剩下包括尤尼吉可在内的寥寥数家企业。选择放弃的不仅有日本企业，还有欧洲生产商。要说最后发生了什么，那就是人造丝变成了一项盈利丰厚的业务。它先是在南欧市场热销。人造丝这种东西原本就在空气干燥且喜爱丰富色彩的南欧存在需求空间，但由于欧洲厂商的撤出，日本厂商的商品大受欢迎。由于竞争对手变少了，在一段时间内商品价格也不低。由此可以看出，夕阳产业也是有可能产生利润的。

另一方面，成熟市场转变为成长市场之后，又将如何呢？就结论而言，“只要参与成长市场就能赚钱”的时代已经过去了，现在想赚钱并不简单。事实上有不少企业见到成长市场就一头往里扎。而其中背景，则是日本厂商开发能力得到提升，具备了在短时间内追上先头部队、做好参与市场准备的能力。

无论OA电器、ME（医疗）器材、收录音机还是粒粒橙果汁，情况都很类似。一旦办公电脑成了成长行业，眨眼间就会有五六十家企业参与，互相倾轧。除非竞争力特别强悍，否则无法在竞争中脱颖而出。

相对于成熟市场，企业更青睐成长市场，这是合情合理的。我们需要看透市场哪里有“动作”，哪里是各大企业活跃的舞台。没有“动作”的地方，能达成的成就有限。不过，即使有“动作”，企业也必须严格考查以自己的竞争力是否适合参与进去。时代不同了，莽撞地参与市场也能赚大钱的时代已经结束了。眼下市场的成长力衰退，竞争厂商也越发强大。这就是令差异化战略的重要性凸显的首要背景。

业务结构问题

第二个背景是个别企业方面的问题。经历了两次石油危机的日本企业在经营上付出了相当大的努力。现存行业的架构中所能实施的收益改善活动，许多企业几乎全部做到了。剩下的问题，便是明知存在却无法着手解决遗留至今的结构问题。

比如流通机构，由于过去的阻碍，时至今日依然是生产商与销售部门、特约店、批发商互相纠葛的状态。且不说以前怎样，以现在的情况，此项业务已经供不起那么多流通业者了。要是不能想办法削减成本，早晚大家一起玩完。人人都知道这是个问题，却因为商权、业务转换、人员削减等种种因素至今迈不出第一步。其他能做的全做了，也就是说，只剩下结构问题。所剩时间已经不多，竞争对手早已拿出对策，拖得再久这个问题也迟早得面对——这就是现状。

不仅流通有问题，在生产体制方面也发生了类似情况。成本竞争力较竞争对手处于绝对劣势、使用陈旧技术的化学工厂、在布局方面有着根本性欠缺的工厂等等，有太多这样的公司，明知存在问题却依然依靠权宜之计磕磕绊绊地继续经营，最终到了不得不直面这些问题的境地。

这类结构问题的解决方案选项很多。如果只是单纯的收益改善问题，不管谁去做都差不多。不过，越是需要根本性地解决问题，选项就越多，基本上不能把竞争对手采取的策略照搬到自家公司来用。想得到自己的“解”，就必须参照自己的强项和弱项，来寻求独特的答案。例如建设新化学工厂时，是要使用已有的技术，还是使用新技术，又或者要按什么程度灵活规划可用的原材料种类等等，选择范围很大。

另一方面，那些依靠权宜之计维持经营，最终不得不面对结构性问题的公司，从另一层意义上也成了企业间差异化战略的因素。也就是说，有一批企业拿出勇气去应对关键的结构问题，而其他企业则选择放任自流，尽可能不去触碰它。对于采取积极姿态的企业，这可谓是个千载难逢的差异化良机。

市场的成熟化会唤醒企业立足于竞争力的独到战略，而解决结构问题，也同样能从大量选项中找出独到的战略。并且，正因为结构问题的解决难度极大，根据各家企业的态度、能力，应对速度也很容易出现差异。桩桩件件都昭示了对于现代的经营而言，“差异化战略”是一个无法回避的课题。

二、差异化战略的视角

应对顾客需求的变化

那么在思考差异化战略时应该以什么为视角？排在第一位的，是顾客、竞争对手发生了怎样的变化，而自身又准备在这种变化中做出怎样的改变——这就是我们应当采取的视角（图 2-1）。

比如服装销售情况低迷，反映人们对服装的需求降低，反倒是衣柜卖得很好。由于家里被毛衣、西裤塞满，所以没有消费者愿意购买新的毛衣、西裤了。并且因为收入增长的速度变慢，建新宅的可能性不大，人们更倾向于购买衣柜整理服装。不过，就算要买新的衣物，也未必只买一条西裤。帽子、T 恤、西裤、袜子、鞋子搭配的套装更受顾客的青睐。所以配套商品有销路，而单品无人问津，这明显代表了消费的高端化。

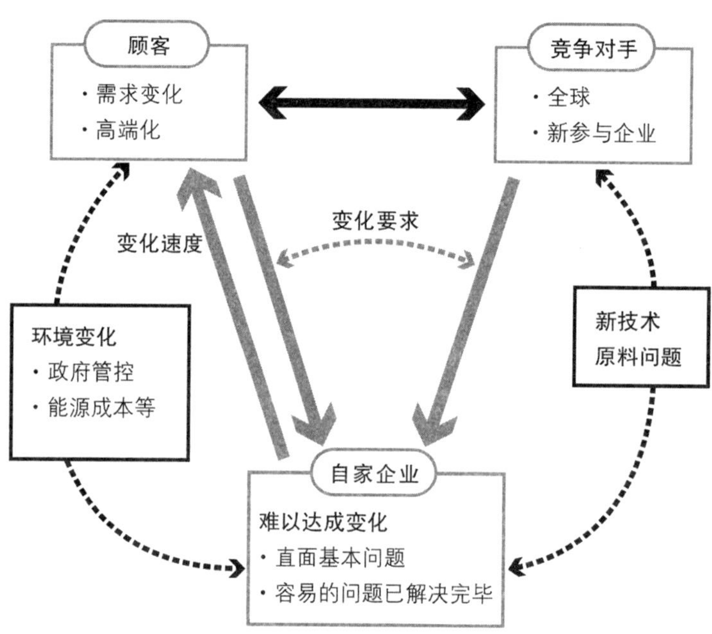

图 2-1　差异化—把握变化的需求及快速应对

欧美发生石油危机以来，搭载柴油发动机的乘用车数量剧增。梅赛德斯－奔驰以及大众的柴油车就是其中代表。

为什么柴油车会增加？首要因素在于油费。从历史上看，柴油发动机一直被用于欧洲的乘用车市场，从未被用于美国。其最大的原因在于美国的汽油价格相较柴油更加便宜，于是没必要刻意购买噪声大的柴油车。并且出售柴油的加油站数量稀少，这也成了柴油车普及的障碍。但现在由于石油危机，两者的价格差距缩小，柴油变得相较汽油而言更便宜了，这是个对柴油车来说非常有利的条件，加之维护管理费低廉这个优势，柴油车的销量迅速攀升。一时间面向美国销售的梅赛德斯－奔驰车有一半以上都是柴油车。与此同时，大众汽车的销路也迅速打开，开始了在美国的现地生产。进入 20 世纪 80 年代后石油供给量恢复，汽油价格上涨速度放缓，“柴油化”也终于告一段落。虽然柴油车并没有像高尔夫套装那样将消费者需求变得高端化，却也是需求随外部环境变化发生质变的一个例子。

在应对消费者需求的时候存在若干选项，比如当企业准备用一套完全不同的方法在同一个市场里开展业务时、当目标市场本身改变时、用不同的方法参与不同市场（即开展新业务）时、设法将原有的业务做得更好（更拼命）时，我们该如何应对。

比如复印机生产商。来设想一下产品在已有市场普及度提升、用户需求高端化的情况该如何应对。从放大、缩小到彩印、分类功能等等，用户的需求越来越多。在这时，厂商可以预判高端化，利用引导策略作为应对方式。反过来，开拓新市场——比如海外市场或开发小规模用户（自然也需要开发小型机）等等，寻求新用户市场的思路也是可行的。相信还有人会认为，要与其他竞争对手的已有产品和市场拉开距离，最好的办法还是专注于自家已有的产品和市场，努力从根本上改善成本竞争力。又或者，也可以抛弃复印机，转向其他商用电器。面对消费者需求的变化，看出应该从哪一个视角来强化自身业务，这种洞察力便是差异化战略的第一步。

应对竞争关系的变化

先前所提到的，都是站在应对用户需求角度的思路。而事实上，从竞争关系变化的角度来思考同样有必要，比如成本竞争力的问题。

说起陶氏化学，那是与杜邦齐名的美国最具代表性的化学生产商。在其他化工企业纷纷跟风采取下游战略和精密化战略的同时，唯有陶氏一家坚持彻底强化和维持已有业务的成本竞争力，而他们也因此而扬名。哪怕是氢氧化钠的生产，陶氏也长年保持了原料和能源成本的绝对优势，属于从成本竞争力角度实施差异化战略的一个典型。

石油危机以来，日本石油化工业的成本竞争力明显下降。部分石油化学产品，出现了从美国、加拿大等地进口反而更便宜的局面。在原料能源成本上升的环境下，化学设备行业正在从凭借稼动率说话的高固定费用经营，向着重于原料成本及产品价格管理的行业改变。于是一旦海外出现便宜的原材料，厂商积极导入材料的需求也会随之增长。在这种情况下有些企业会第一时间为导入海外产品而采取行动，也有企业选择观望。采取行动的企业中，有的为进口原料准备储藏罐，也有的动员具有海外石化产品贸易经验的商社准备进口渠道。当然，只要海外产品存在成本优势，这些企业相对于竞争对手就能够实现差异化。原因就在于储藏罐也好，商社也罢，先行动的企业总能占据有利条件。

向业务系统的发展

不过，确定策略视角和构筑策略之间存在相当大的距离。想让策略真正发挥效果，就必须把视角发展成为“业务系统”（图 2-2），在保持技术、资材调配、生产、销售、服务等一系列功能一贯性的同时，令框架成形。决策者需以战略视角作为出发点，为这个“一贯性”赋予含义，而不是只凭一个简单的想法就去构筑差异化战略。

假设现在需要开发、制造和销售一种面向小众用户的复印机，它必须体积小而简约、故障少、便宜，复印质量用不着太好，属于与面向大众用户的高端机器截然相反的机种。在将这个新产品导入市场时，恐怕大多数已有业务和相关渠道都无法使用，必须构筑起新的“业务系统”。

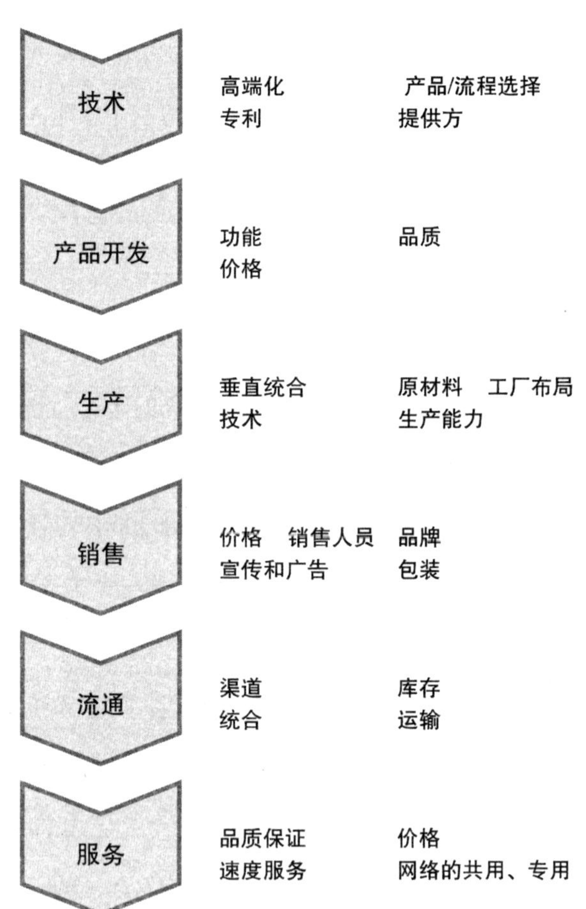

图 2–2 必须具有一贯性的系统战略

即使产品开发成功了，还需要开发零部件供货商。低成本体系的外包和零部件生产商就必不可少了。生产线或许也能改用兼职劳动力。至于销售网，或许可以起用已有的商用电器批发商来网罗全国小众用户。售后服务方面，由于机械本身构造简单，或许无须企业自身的专用服务网络，用培训批发商提供售后服务的方法来提高销售数量同样可行。

此外，商品在开发时要想防止故障发生，关键就在于彻底排除复杂构造。以出售而非租赁为前提，来重新思考机械主体、附件、消耗品、服务费用的价格构成。因为租赁和出售两者的收益结构（是否在任何场合都能被接受）是不一样的。我想由此大家就能明白，差异化战略不是一个简单的想法就能做到的。反过来说，如果只是一个简单的容易被模仿的想法，竞争对手很可能跟风，也就做不到真正有效的差异化战略了。

不同时期的不同视角

差异化战略的视角根据业务的成熟度不同也会产生变化，而这种变化，与成功要素随业务成熟度变化正好相反。说到底，只有当差异化依附于能使业务成功的决定性因素时，才能发挥强烈的震撼作用。反之，哪怕做再多的差异化也毫无意义。

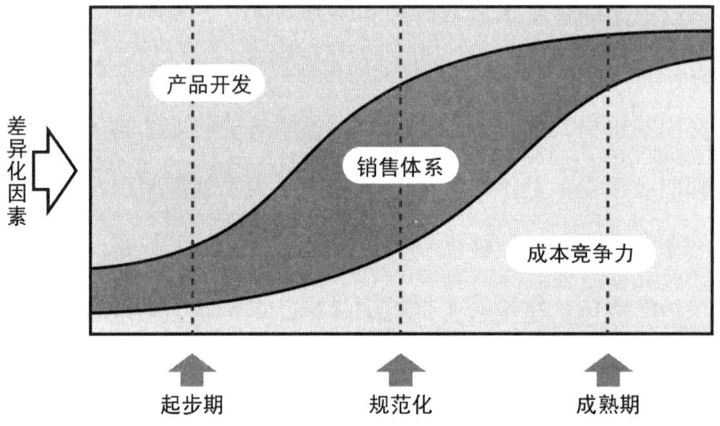

图 2–3　不同业务成熟度的差异化因素

事业刚起步时，技术和产品开发是业务成功的关键，销售和生产体系尚不成问题（图 2-3）。这一阶段的主题应当是该如何开发技术去帮助业务成形，要怎样比竞争对手更先一步开发出自家独特的技术。这时候最需要的是，正确选定开发主题，以及高效完成既定主题的开发工作。

导入期过后进入正式业务流程，销售体系的问题就被摆到了桌面上。这时的问题就成了如何才能把新商品高效率地提供给市场，以及怎样组合流通渠道、销售人员、促销活动、价格策略才最有效。

而等业务成熟后，生产成本又成了核心问题。市场中价格竞争不断，企业竞争的焦点转移到成本竞争上。差异化的重心也随着业务的导入→正规化→成熟化，变为技术开发→销售→生产体系。

三、差异化战略的达成条件

战略三要素

战略的定义是“为长期保持和强化竞争力而采取的一贯性行动”。至于多长时间才算“长期”，根据业务的不同而不同，但最低应当按 3 至 5 年来计算。想要保持和强化竞争力，就不能做和其他企业一样的事情，因为在竞争日趋激烈的市场环境下，对差异化的要求在与日俱增。

另一方面，战略中存在三大要素，即①战略思维②战略计划③兼具彻底性和灵活性的组织（图 2-4）。

关于战略思维——

制定战略的基础是“战略性的观点”，这就需要敏锐地捕捉到表象的倾向，思考其中含义并探究原因。

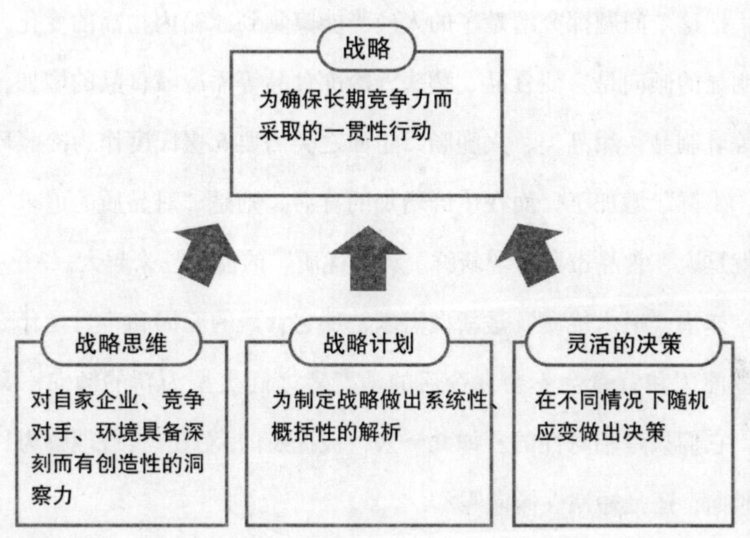

图 2-4　战略的三大构成要素

日本这四五年来大型冰箱销量大幅增长。对于食品加工业者而言，这个倾向中必然包含了许多意义。足够敏感的企业是不会放过这个倾向的。为什么大型冰箱开始热销，现在和之前相比有什么不一样了？是放进冰箱里的物品种类变了，还是说虽然放的东西没变但储存方法、购买方式不一样了？比如有越来越多主妇开始大宗采购？

把这个问题探究清楚了的人应当能察觉到冰箱内物品的变化。最为明显的倾向是方便食品、罐头、冷冻食品等需冷藏食品的增加。酸奶等乳制品、甜品类、火腿肠、生面之类需要5摄氏度作为冷藏环境的"生鲜"增加了。而在生鲜增加的背后，则是"对品质的追求"。也就是说，食品市场对"新鲜"和"优质"的需求越来越大。

如果"追求优质"是新型需求，那它背后的原因和背景是什么？这些原因和背景会不会在今后的消费者之间定型为新的倾向？又或者，它们只是临时性的？如此一来，被提及的类型应当被理解为长期性倾向，还是短期性倾向呢？

如果关注到冰箱大型化倾向的人思维的首要方向是究明原因，那么第二个思维方向就是预测含义了。也就是说，如果把"追求优质"视为长期倾向，就要去思考它对于加工食品的意义。调味料、乳制品、酒类，乃至于生鲜类，都可能被"追求优质"的浪潮所波及。而近些年来，百货商场和超市内的熟食部门生意兴隆，究其原因也不乏顾客对品质的要求。这就是消费者的需求，他们想轻松买到好东西，廉价速食品已经不能满足需求。刚才我阐述过"新鲜"和"优质"的共同部分，而预测到“生鲜”的人们到这一步应当能解读出“冷链”的重要性了。

战略思维的第一步就是像这样，从关注世界的趋势开始。要像高性能拾音针一般不放过任何细微趋势，也要具备将倾向的内涵放大的“放大器”，二者缺一不可。

当上述战略思维进行到一定程度，就需要灵活的想象力了。现今时代，连食品也需要融入潮流性。单人份杯装速食汤的热销，与小型音箱的热销间存在共同点，其前提就是现在的单身潮。如果继续以带孩子的家庭主妇为目标客户开发食品，就实在有欠考虑。摆脱过去的限制和旧的思考模式，现在需要的是自由的想象。

关于经营计划和控制体系

好容易用战略思维找出了新的可能性，但经常又会因为种种阻碍导致计划无疾而终。这时有个共同的情况，那就是面对项目投资时的束手无策。

就像我在前文中说过的，真正的差异化战略不能只是个简单的想法。技术、产品开发、生产、销售、服务这一整套商业体系都必须做到差异化。要么改变已有的业务流程，要么在已有的流程中融入新方法构筑新的商业体系。

当然，做到这一步需要花时间。无论是近年来流行的家庭餐馆还是便利店，都可以被认为是诞生自“一个小小的点子”。然而在获得这个点子之前，厂商必然做过细致的可行性评估（包括试点店铺的运营等），并且在初期也是需要构筑新商业体系来开发新流通形态的。不光要求开发适合便利店销售的商品（例如单人份杯装速食汤），还必须寻找适合便利店的商品品类。当然了，新物流系统一样不能少，与土地等资产提供者（所有人）的合同内容、合作方式也得另行探讨。还有店铺设计。商业体系的开发需要涉及许多方面，而花费大量时间后获得的成果，便是难以复制的强大竞争力。

要想像这样把利用差异化思维得出的点子提升为差异化战斗力，少不了花费长时间构筑商业体系的努力。问题就在于企业能不能付出这样长时间的努力。遗憾的是，大多数企业在这方面并没有足够的耐心。

连锁超市开发便利店属于“前所未有的做法”；连锁超市意图提升已有店铺中货品的品质，也属于“前所未有的做法”；机械生产商开拓出口市场，同样属于“前所未有的做法”。要想将这些“前所未有”激发出来、融入业务并稳定下来，就必须对已有的业务和传统流程实施一些特殊措施。思考一下年度预算就很明显了。已有业务都是用能够以数值体现结果的年度（或季度、半年度）预算来规划并控制的。

与之相对的，在导入“前所未有的业务”时，如果同样以年度预算来做计划和控制的话，必然会出问题。

最常见的案例是由于对成果控制得过于严苛，导致新业务夭折。就像我先前所说的，构筑新业务的商业体系需要花费大量时间，没个三五年是看不到成果的。如果用已有业务的计划和控制体系来约束它，就会过早形成盈利的压力，继而在构筑商业体系的过程中偷工减料，最终整个计划因达不到预期目的而中途夭折。

这时有人会觉得既然如此，那只要分别用不同计划和控制体系来约束已有业务和新业务就行了。如果说已有业务是依靠每年的成果数值来计算和控制的话，那么新业务可以按 3 至 5 年的跨度来检验成果。在年度计划和控制中撇开成果数值，按照对预定流程的消化程度来做规划。

这种思路很对，事实上也有企业照做了。但经营企业不能光靠体面的说辞，从一个侧面来看只有施加压力追求成果，业绩才会提升。更有甚者，一些企业的特质就是依靠短期成果主义立足，遇到需要导入全新体系的新业务，难免表现出排斥态度。面对企业特质这条主心骨本身可能被削弱的事实，感到恐惧也是理所当然的。

这时就需要直面难题了——如何平衡理想中的姿态和现实姿态之间的差距。要想解开这个难题，就必须回到差异化战略的原点。说到底，所谓的差异化战略其实就诞生于“和其他企业做一样的事情也能赚钱的时代已经过去”，“用不同于其他企业的做法超越竞争对手”的思路才是一切的源头。这是一种在面对危机时敢于把赌注押在未知事物上的积极想法。

按这个思路来思考的话，理想和现实该如何平衡就能逐渐得到答案了。想要促成新业务、新方法，就必须在当企业的现状可能对此产生阻碍时将它打破。

以往当企业对差异化产生了需求但问题还不深刻时，“不导入可能影响已有业务和长年固有计划和控制体系的运营方法”的态度暂且有一定说服力。但如今时代变了，不敢承担风险的企业不可能存活。

关于组织

为实现差异化战略，就组织而言必须具有贯彻战略的能力以及灵活性。这两个条件在一定程度上互相矛盾，所以实现起来非常困难。

首先，想完成一件新的事情——比如构筑新商业体系——就不能缺少彻底执行计划的能力，这是一种不容置疑的执行力。在实施新计划的同时容易引发不安，最常见的例子是执行到一半发现情况不尽如人意，于是起了疑心，使得计划半途而废。“我们公司毕竟是工厂，不适合做销售服务的业务吧”——类似借口并不罕见。既然决定了要干就得干到底。至于那些违反计划、拖延进度的部门，管理者必须彻底追责，决不姑息。对执行的要求必须严格到这种地步。

事实上，战略很好但因执行困难导致目标无法完成的例子也屡见不鲜。战略和执行不过是催生成果的两个车轮，从一个侧面来说，“只有神知道”什么才是最佳的战略。可即使被选中的战略只是次佳，只要能彻底执行，同样值得期待结出丰硕的成果。做不到“彻底”二字的企业也实现不了差异化战略。

而在另一方面，实施差异化战略的企业也需要灵活性。毕竟追求的是独特战略，轨道修正必不可少。这与沿袭其他企业发展道路时的情况大相径庭，甚至可能出现全面抛弃既定战略的局面。一意孤行是决不允许的。

我们不能期待盲目执行既定计划的能力与绝不一意孤行能够修正轨道的能力出现在同一个人身上。所以这些能力需要不同的人和部门来负责。在这个时候，就需要再次认识到直线职权与参谋职权的重要性。

走上前所未有的道路需要“信念”的支撑，而找出独特的道路则需要“灵活性”来辅助。能够完成差异化战略的组织，必然兼备这两个条件。

综上所述，差异化战略所必需的三大要素是“战略思维”“战略计划”以及“兼具彻底性和灵活性的组织”。

战略不能止步于想法，同时它也绝不是所谓在纸上写个“能事毕矣”就完了的。在思考战略内容时要把思路扩散到商业体系的条件，乃至为实现条件的计划及控制体系和组织的条件，这样才能得到立体的形态。

（若松茂美）

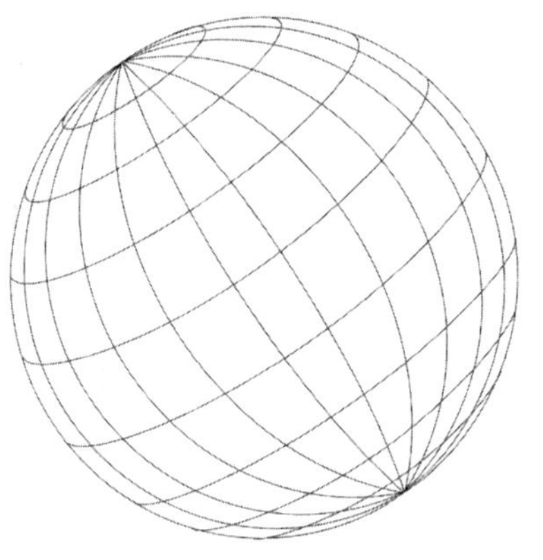

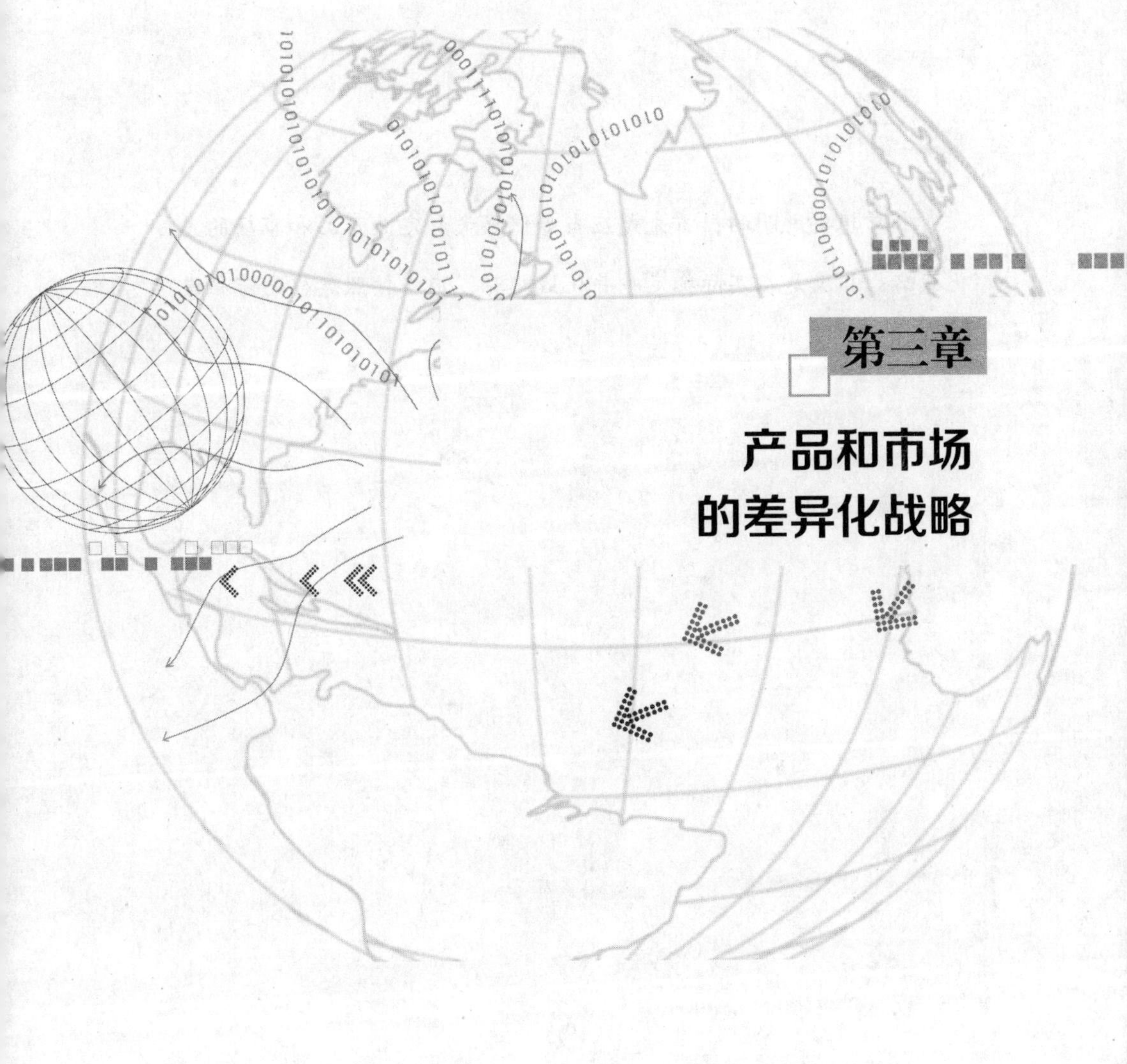

第三章

产品和市场的差异化战略

本章想要说明的，首先是应当如何思考和定义产品和市场的差异化战略；其次是在实际拟定差异化战略时，应当按照怎样的流程进行探讨。

一、什么是产品和市场的差异化战略

成熟经济的特征

首先来简单说明一下，从选择产品和市场的角度来看成熟经济究竟有着什么样的意义。

我们可以认为如今的成熟经济有四大特征。

第一个特征是成长机会非常有限，数量稀少。从“选择产品和市场”的角度来看，企业的成长因素已经很难依附于市场的扩张了。

这时为了让企业继续成长，增加市场占有率就成了极其关键的要素。并且为了增加市场占有率，面对竞争对手如何进行差异化也就成了重中之重。

第二个特征是，不同行业开始涉足特定市场。如今具有吸引力的成长市场越来越少，而在为数不多具有吸引力的市场里，则有各种各样的行业加入进来。

就以机械制造业为例，除 TEC、日挥等传统机械制造企业以外，不仅有钢铁行业参与进来，还有日立、东芝等重型电器行业也纷纷加入。再看食品加工企业，有旭化成、三菱化成等化工企业，甚至佳丽宝、尤妮佳等纤维制造商加入。

于是企业就必须在这样的市场中，与有着完全不同背景的对手竞争。换言之，在其他企业眼里，自家公司的背景也和它们截然不同。

这时，如果能把自家企业积累下来的经验与差异化顺利挂钩的话，可以说企业极有可能在这充满吸引力的市场中占据领头羊位置。

第三个特征是用户需求的多样化。从选择产品和市场的角度来思考这一点的话，相较于更严密地捕捉用户需求，还多出了“发挥自身特有优势开展业务”的选项。

第四个特征是，出现了产品经济周期本身大幅缩短的现象。其中的原因在于，对手厂商或用户需求的变化变得非常多样和迅速。企业必须及时把握用户需求以及自身与对手之间的差距。而把握的方式，则可能在很大程度上决定竞争上的优势。

通过用户细分实现差异化

产品和市场方面的差异化战略，可以大致概括为以下两点。

第一，细分出最能使自身优势充分发挥的用户群体。

第二，针对目标用户群体，找到最能令自身与对手拉开差距的对于用户的诉求点，并使这个诉求点增幅。

当竞争对手与自家企业都对同一用户有诉求时，除非自身在产品和价格上有足够竞争力，否则很难取胜。但是，换个角度来看待目标用户，或者干脆把市场“错开”，就能够加强自身企业的相对诉求力。这就是第一条，依靠区分目标用户来实现差异化。

至于第二条用增强诉求力来实现差异化，则需要在原有目标用户的基础上增强自身的独特诉求点，以此来与竞争对手拉开距离。一般说来强者会选择依靠诉求点来实现差异化，而弱者会凭借转向不同目标用户来实现差异化。

来看办公电脑行业。就市场规模而言确在急速扩张，但这 5 年间加入的厂商数量——1975 年才有了办公电脑的定义——却是只增不减。

就结果来说，现状是单家企业的出货量停滞不前。

在这种情况下，市场又呈现出了什么状况呢？市场占有率与投入的销售人员及系统工程师大致成正比。简单计算后能发现，投入人数为 150 人时，就能拿到 1% 市场占有率。于是可以说，若想增加 3% 占有率的话，就得追加投入 450 人。

目前，针对低端机并且是小众用户的底层需求开发正在火热进行。这个局面下小型厂商又是否有胜算呢？来看看小厂牌 LSI（Logic System International）的例子吧。

这家企业放弃了利用系统工程师或销售人员打赢竞争的做法，而是将战略中心转移到海外，开始主要面向法国出口。目前他们在办公电脑市场的成长率提升了大约两倍。这就是第一条，利用不同的目标用户群体来实现差异化的例子。

依靠诉求点实现差异化

下面举一个依靠诉求点来实现差异化的例子。

众所周知，雅马哈是个利用多角化经营获得成功的典型企业。雅马哈的优点是专注于彻底解析出差异化的重点，并意图将诉求力增幅到最大限度。

雅马哈的事业起点是制造和销售钢琴、风琴等乐器，但它通过针对品牌形象的高端化、木材相关技术，或者发动机制造技术等一系列特定技术要素的增幅，推进了差异化和多角化经营。

雅马哈将其在音响器材的客户与钢琴、风琴客户大致分在了一起，这时用到的差异化要素就是高端品牌形象。以功放为例，相对于其他厂商品种多、跨度大的特性，雅马哈却把焦点仅仅放在了高端品类上。

用户需求的变化

再来看看用户的最近动向，可以观察到两大变化。

一是用户需求的多样化。曾经用户的需求较为笼统，可现在却变得多种多样（图 3-1）。

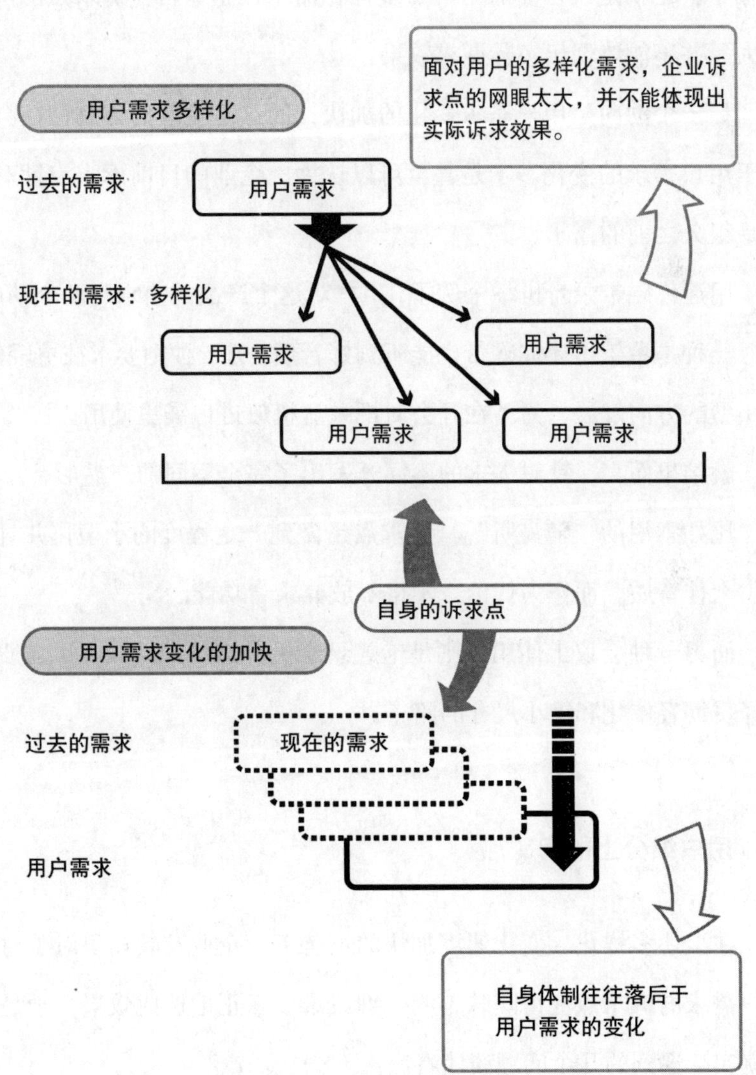

用户需求多样化
面对用户的多样化需求，企业诉求点的网眼太大，并不能体现出实际诉求效果。
过去的需求
用户需求
现在的需求：多样化
用户需求
用户需求
用户需求
用户需求
自身的诉求点
用户需求变化的加快
过去的需求
现在的需求
用户需求
自身体制往往落后于用户需求的变化

图 3–1

于是曾经针对需求而出现的诉求点，也随着需求的多样化而变得模糊了。也就是说，面对用户的多样化需求，企业自身诉求点的网眼太大，并不能体现出实际诉求效果。

另一个动向是用户需求变化的加快，而这时企业的体制往往会落后于用户需求的变化。于是甚至可以认为，企业的目前诉求点针对的只是很久之前的需求。

用迷你磁带录音机举个例子，用户对这个产品的需求有两个动向。

一种是希望用迷你磁带也能听到好音质，另一种则要求往更轻便、更小型的方向发展，为了在开会时把录音机放进口袋里使用。

就结果而言，针对需求的不同开发出了完全不同的产品形态。

比如索尼的“随身听”，诉求点是做到一定程度的小型化并且能提供上佳音质。而作为代价，不得不放弃录音功能。

而另一种会议上使用的则是卡式录音机。这种产品放弃了音质，选择贯彻轻便化和缩小尺寸的路子。

用户细分上的问题点

在上述多样化、变化速度加快的情势下，企业及其竞争对手对于用户需求的诉求点变得暧昧不明，抑或难以真正地达成效果。于是我想就实际遇到的几个问题谈谈看法。

首先是通过用户细分来实现差异化的情况。最常见的情况是目标用户群的认定极其马虎，用户群组与企业自身真正的诉求没有共同点。

例如企业在分组阶段按地域、年龄等人口统计学概念做了区分，但这些角度的用户分组未必就与企业自身的诉求对口。

第二个问题就是过度拘泥于已有的用户群组，忘记了还存在选择自身特有市场这个选项。之所以会这样，原因在于一旦做过用户细分以后，想要抛弃传统做法、找出能发挥自身独特战斗方法的新区分角度，是非常困难的。

第三个问题是战略业务单元（SBU=Strategic Business Unit）的归纳方法不明确且不彻底，事实上它们经常过大或者过小。所谓战略业务单元过大，是指用户需求时刻变化的市场适合能够灵机应变的小型战略业务单元，从产品开发到市场化的间隔必须尽可能缩短，以此来应对用户需求的变化。可事实上企业却仍旧使用大型业务部体制。

再举个小的例子。当不同产品通过不同销售渠道销售时，在一些情况下只要将资源统合到一起就能得到很强的诉求力，又或者把其他业务部门积攒的技术与另外的业务部门的技术结合在一起，就可能获得强大的诉求力，最终却因为战略业务单元过小，或者各自业务部门之间门槛太高等，难以获得有效的统合。

这里有个因为目标用户群体设定错误导致差异化失败的案例。有一家阀门的生产商，它与同行的竞争对手数度对决，但胜率低至17%，败率为83%。也就是说和对手较量上100次，只能赢个17次左右（图3-2）。

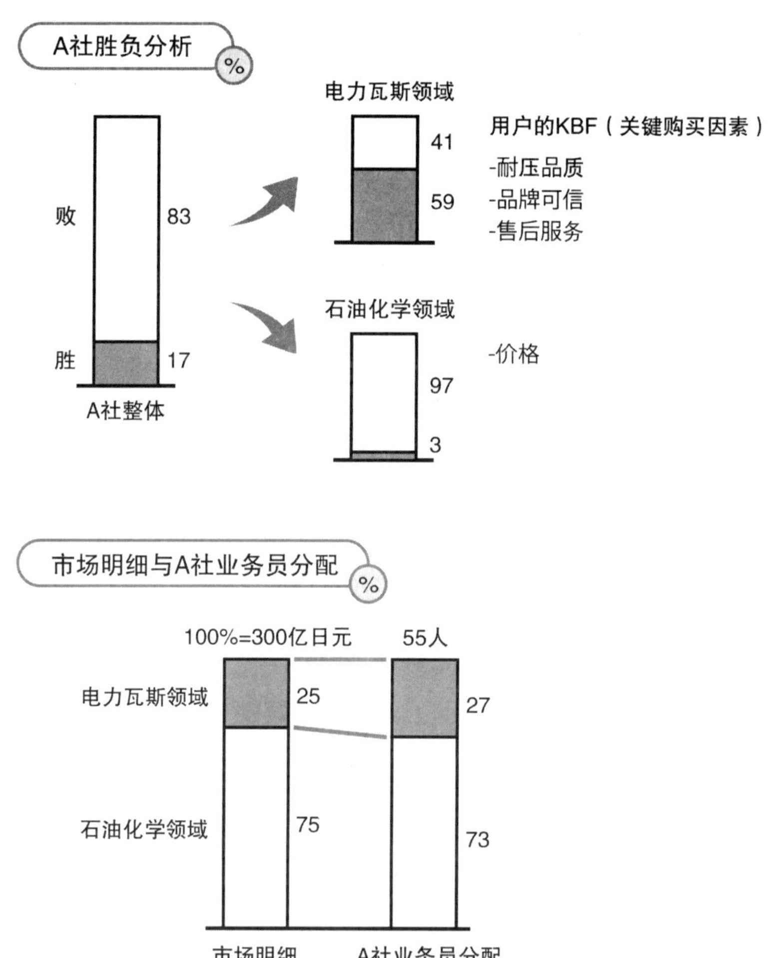

图 3-2　通过用户细分来差异化的失败案例

不过要是进一步按照最终用户分组来看的话，能发现他们在电力瓦斯分组中有着绝对的优势，至少与对手竞争的胜率都在 50%以上。

但在石油化学领域中，他们几乎没有赢过，一遇到竞争就败北，与其参与竞争还不如什么都不做。而在这种情况下，这家企业究竟采取了什么措施呢?

在现有市场规模中石油化学领域占比约为 75%，电力瓦斯方面约为 25%，企业投入了等比的销售人员。于是原有的优势被业务员的分配策略全部抵消光了。

在这个例子中，如果能集中针对电力瓦斯领域的用户发力、增加业务员数量的话，市场占有率是完全有希望大幅增加的。

诉求点方面的问题

下面来列举一下产品服务的诉求点，也就是改变战斗方法的差异化战略中出现的问题。

比较常见的例子是对用户需求把握不充分。在这种时候，即使明确了自身的诉求点，却会因为与用户需求的不对口，导致难以实际采取行动。

第二种例子就像我刚才说的，自身体制跟不上用户需求的变化。

此外还有一种例子，那就是针对自身和竞争对手的相对竞争力分析不透彻。

我在做顾问工作的过程中经常发现，要么是对竞争对手尤其是主要竞争对手的成本要素分析、对市场应对动向等信息掌握得过少，要么是没有彻底把握自身相对竞争对手而言究竟处于什么地位、不清楚自身的独特优势究竟能起到什么作用。这种例子非常多。

20 世纪 70 年代，丰田 800、Publica 等小型车（500~800cc）一度热销，但之后各大汽车厂商纷纷采取了提升小型车排量的战略。

最终，1300cc、1500cc 新车模型是公布了，但事实上最符合用户需求的 1000cc 小型车市场仍然存在空白。就这样，市场的用户需求和生产商的产品之间出现了断层。

大发瞅准了这样的断层，认为只要用 1000cc 代替 1300cc 就能填补缺口，实现销售额的大幅增加，而这也是 Charade 被开发出来的原因之一。

实际开发过程中，大发走的是低燃油费、轻量化的开发路线。为了符合用户需求，他们抛弃了传统的四根排气管的概念，创造了三排气管的发动机。

关于我之前提到的几个问题——“对用户的分组太笼统”“自身对应体制跟不上用户需求的变化”等等，具体应如何解决，大致有两个方法。

第一个方法是详细把握用户需求，以用户需求为基础做细分，也就是说不要拘泥于传统的区分方法，改为自由匹配符合用户需求的分组方式。

第二个方法是评估自家企业的相对诉求力，并且提取差异化要素。弄清到底能在哪里和其他公司拉开距离。找出差距所在的位置是差异化的前置步骤。

二、战略拟定流程

由四个步骤组成

下面进入具体的差异化战略拟定流程环节。

这个流程分为四个步骤（如图 3-3）。

第一步，掌握用户需求和分组。

第二步，评价自身的相对诉求力和提取差异化要素。

第三步，就如何将前一步提取的差异化要素进行增强以及具体的增强方法，制定各种各样的差异化替代方案。

第四步，评估和选出 3 至 4 个完成的差异化替代方案，实际执行。

通过上述的系统流程，差异化战略的拟定就能有一个相当明确的方向了。

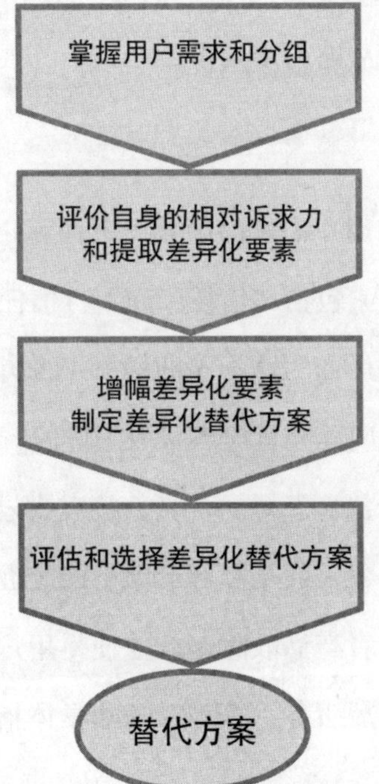

图 3-3　产品和市场差异化战略流程

（1）掌握用户需求和分组第三步，按时间轴顺序排列决定购买要素。这时的重点在于明确它们之间相对的重要程度。

日本长期信用银行所做的热销商品相关调查中，“贴合消费者需求”作为排名第一的成功理由遥遥领先。

“需求”二字人人挂在嘴边，而商家能把需求把握得多么详细，则会成为拟定差异化战略的出发点。

①细化购买动机

关于购买动机和用户需求的细化，下面就用商用电脑来举例。决定购买商用电脑的因素包括“信任厂商”“信任业务员”等。

不过单看“信任厂商”这一条的话，厂商并不能由此推演出任何差异化战略，也不能明确究竟应当采取怎样的行动。

“信任厂商”中包含怎样的含义，答案太过笼统难以解读：用户信任的究竟是品牌形象，还是品牌形象下的企业规模、通过同企业其他产品的印象，又或者产品故障率低才使得用户给予这个评价、这个评价里是否包含了售后服务，等等。除非具体指明，否则无法准确把握需求并做出应对。

假设现在明确了“信任＝品牌形象”这个概念，那么企业就可以通过增加广告宣传费等诸多方式来提升品牌形象。如果只局限于“信任”这个抽象的词语，是无法找到下阶段任务的。

②将决定购买的因素定量化

接下来是用户决定购买因素的定量化问题。用贴现策略来举例吧。

决定优惠幅度确是执行价格策略的重点，但如果不能做到定量化，就无法轻易延展到具体行动。

来看一下电子零件生产商的例子（图 3-4）。假设纵轴是市场占有率，横轴为价格差（与竞争对手之间的价格差距）。实际在这种情况下，当价格差在 15 万日元以下时，市场占有率是固定的。由此可以看出，其对市场占有率基本不存在影响。

而当价格差在 15 万日元以上，变化就凸显出来了，即市场占有率拉开了超过 20% 的差距。事实上在打折的时候，经常出现这种现实问题。

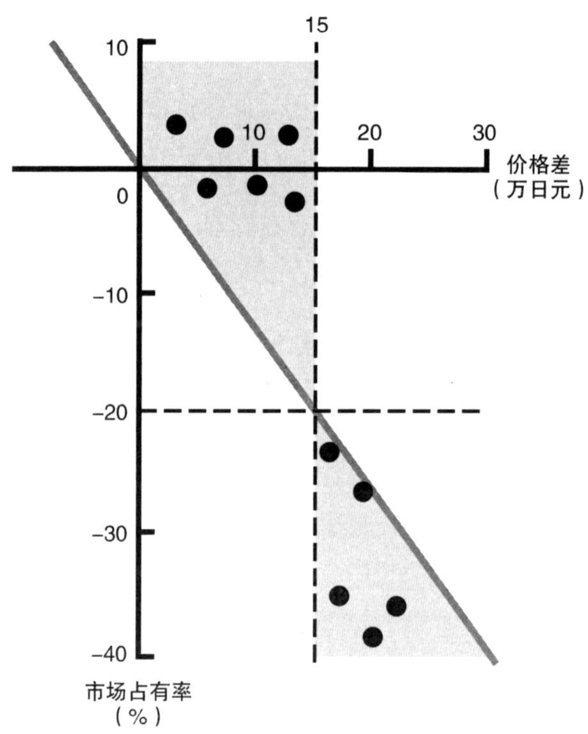

图 3-4　电子器械各主要机种的市场占有率变化

及与竞争对手间价格差的比较

从市场占有率和改善收益的层面来说，企业必须明确效果会达到什么程度。如果只是单纯地设定某个折扣率，则难以做到差异化战略。

③明确决定购买要素的重要度

第三点就是去了解刚才提到的用户需求或决定购买要素的相对重要度。

假设有顾客想要买商用电脑，来追踪一下顾客为购买依次做出了什么行动。首先顾客会去展销会、展销厅查看商品，这时最能给其行动带来影响的要素是企业知名度大不大或展销厅的远近等等。然后，听取销售工程师的介绍，或者阅读系统方案书，制作机种对照表。从这一阶段起，硬件、软件等要素将受到严格的性能对比。

说到购买商用电脑的要素，尽管我们经常看到排在第一位的是硬件或者软件，但在谈论性能之前，用户本身对企业的了解程度也是重点之一。万一用户连公司的名字都没听说过，公司自然就只能从竞争中败退了（图 3-5）。

我们可以认为用户所回答的购买要素中，有一部分是最终的决定性因素。所以厂家必须明确究竟在购买流程的哪个阶段实施差异化，以及当时最重要的因素是什么。

（2）评价诉求力，提取差异化要素

在某种程度上完成了用户的分组后，第二步就该评估自身的相对诉求力，以及提取差异化要素了。

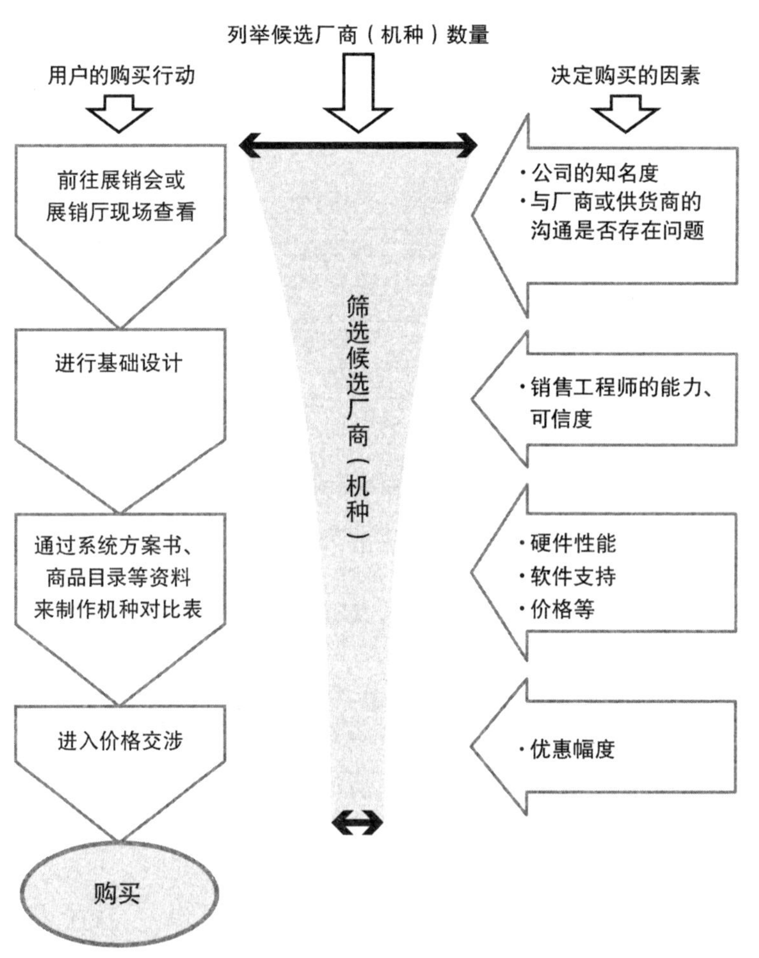

图 3–5　商用电脑的用户新购流程

列举一下此时需要考虑的四个基本点。

第一点，按照不同的客户群来把握自身及竞争对手诉求点与决定购买要素之间的匹配程度。针对用户决定购买的要素，自身或者竞争对手的诉求点是否能配对上，又或者存在错位的话错位了多少，这些都是必须弄清的。

第二点，在决定购买的因素中，用户需求是在购买流程的哪个阶段与自身或竞争对手的诉求点产生差距的，这一点必须定量把握好。有时产生在购买流程的最初阶段，有时也可能出现在最后阶段。

第三点，差异化要素会因为外部环境的变化而变化，所以也有必要充分掌握这方面信息。

第四点，有时造成差距的真正原因在于自家企业本身的风土，或者牢牢植根于自身体系。在这种时候，就要求做到对体制进行根本性的变革。

就拿设定价格这一点来看，不同的会计制度也会对变更的自由度带来不同程度的影响。当问题存在于硬件，只要逐一提出来并改善就能轻松解决。但如果涉及制度本身，属于非改不可的软件问题，解决起来就复杂了。

首先，说到决定购买的要素和自身集竞争对手诉求点之间的匹配程度，来看工业产品生产企业 X 公司的例子（图 3-6）。在这种情况能被视为诉求点，或自身想要诉求的优势的，是低价和积极的用户沟通。

Y 厂商的诉求点在于高端品牌形象，或者说高品质。

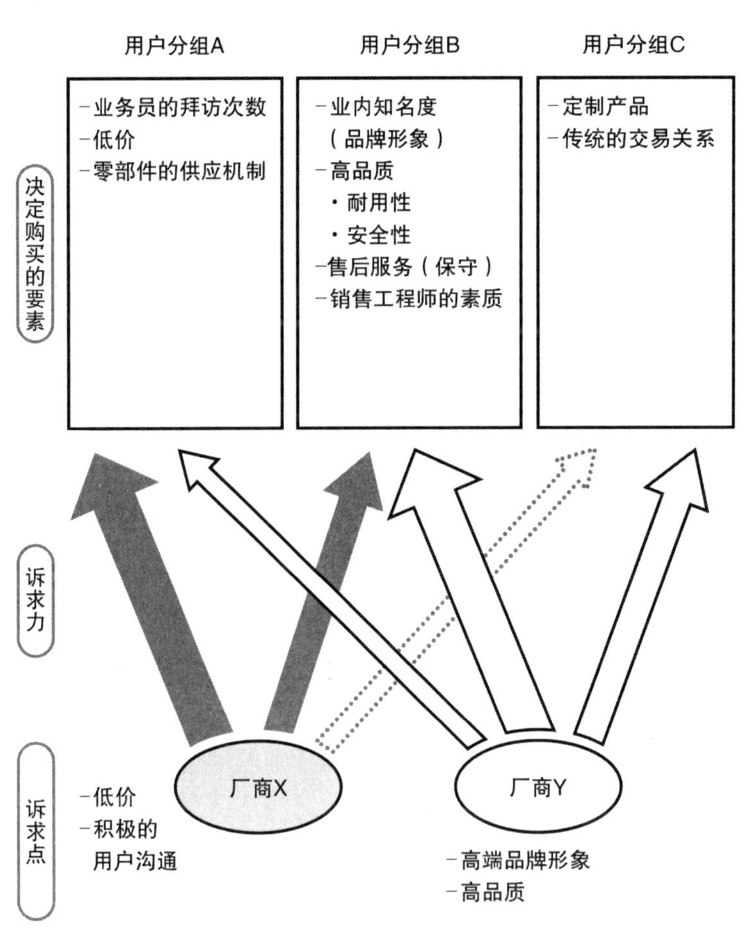

图 3-6 购买决定要素资源整合

将用户需求进行细分后可以看出，各分组的特征截然不同。X厂商的诉求点对于各个分组而言，诉求力也大不相同。于是X厂商首先需要明确的是，当自己在面对Y厂商时，应该针对哪个分组将诉求力最大化。

用先前的商用电脑购买流程来举例（图3-7）。

去展销会、展销厅考察，与厂商的销售工程师接触，提出用户方的基本想法。然后请厂商给出系统方案书，再制作机种对照表，比较硬件软件或技术支持等内容。最后进入价格交涉环节，看能得到多大幅度的优惠。流程大致如此。

不同阶段的决定购买要素也不一样，这时就需要沿着每一个流程，分析竞争对手与自身之间存在怎样的差距。

例如在用户与厂商的销售工程师沟通做基础设计的阶段，销售工程师的素质可谓极其重要的因素。在这种情况下，需要的是调整从业者经验年数或规划培训方案。

接着在给出系统方案书阶段，比较硬件机能和软件数量，可以说是找出差异化要素的重点。

在最后的价格交涉阶段，最常见的例子是价目表上的价格明明是自家便宜，可有时竞争对手给出优惠幅度的自由度却大很多。对于成本差距的比较，也需要彻底摸清成本中的各项明细。

先前我说过，差异化要素本身会因为外部环境的变化而变化，现在来举一个美国市场中苯酚产业的例子吧。

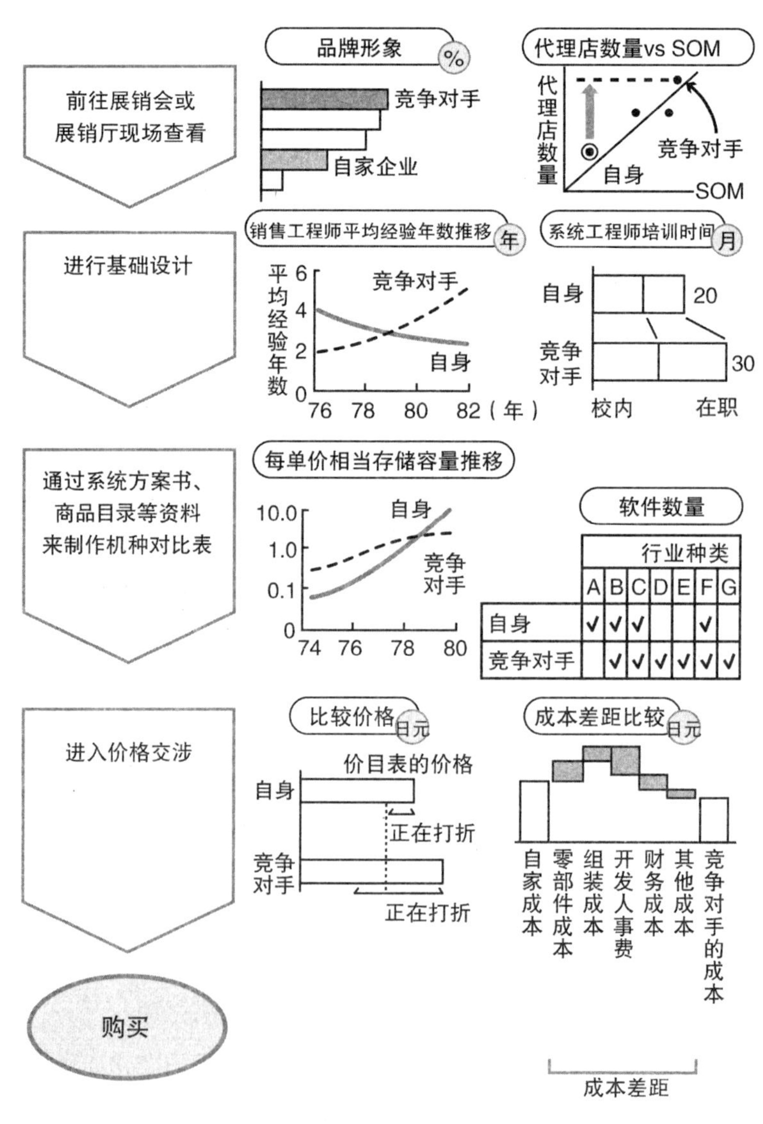

图 3-7　商用电脑购买流程

按照各公司固定费用、劳务费用、原材料费用、设施费用、动力费用等类别比较成本后，能够发现可变费用部分差距并不大。其中固定费用的差距影响显著。

苯酚等石油化学产品行业一般都有着大型厂房设施，意在利用“规模经济”降低成本从而实现差异化。但在石油危机的影响下原材料成本暴涨，差异化的重点从追求凭借“规模经济”降低成本，转移到了能否以低于竞争对手的价格购入原材料上。也就是说，竞争的杠杆从固定费用转化为了可变费用。

（3）增强差异化要素及制定替代方案

经过上述一系列流程，明确了差异化要素或者产生差距的要素，我们就要开始思考如何差异化要素这个问题了。

这时的重点在于，即使各家企业准备加强的差异化要素相同，但由于各自立场不同，需要采取的策略往往也不尽相同。

说白了，就是去做一些自身能做到而其他企业做不到的事情，以此有效地实现差异化。

再到制定差异化战略的阶段，必须对全公司各部门对于差异化的矢量方向进行统一。假设现在某个差异化要素已经明确，诉求点之一是低成本，于是当方针制定时，全公司各部门的矢量方向都必须向着低成本化统一。

可以说，只有这样才能有效地增强差异化要素。

①用户沟通

举一个简单的例子。假设需要加强的差异化要素是低成本，或者业务员与用户进行高密度沟通。当明确了这两点的时候，应当如何分别制定替代方案?

有许多方法能做到低成本，例如签下能提供便宜原材料的供应商、积极推进 VA/VE 法、提升对外包的依赖度，或者调整特约经销部门降低自身负担，等等。

企业要从这些方法中找出自身能做到而其他企业做不到的事情。假设它是“调整特约经销网络”的话，就彻底调整经销网络进一步增加特约经营商。如此一来，有可能其他公司再想搭建新的经销网络加入市场就会变得困难许多。就结果而言，这也是一种有力的差异化方法。

要想加强与用户的沟通频率，方法也有很多，比如利用经销商、增加业务员，以及与不同行业合作销售等等，然而企业首先必须弄清的是，自身能够使用并且效果最好的方法究竟是什么。

关于上述几点，来看一下分析仪市场的例子。可以说，岛津制作所和日立两家企业独占了这个市场。

这两个强者所采取的差异化战略，或者说增幅政策，是尽最大可能增加特约店的数量。

两家厂商通过这种方法，迫使其他厂商完全失去了设置新特约店的余地。

岛津总部位于京都，在西日本属于传统强势企业，在这片区域岛津的特约店数量超过日立；反过来，日立在东日本的特约店数量据说超过岛津。

这两家厂商在日本以静冈为界一分为二，各自采取在自身优势区域增加特约店数量的策略。

再看一个弱者的成功案例——电火花机市场。电火花机是一种用来切削加工的机械，在这种机械的市场中，一个名叫 Japacks 的厂家与三菱电机、富士通 FUNUC 这样的大型厂商呈三足鼎立态势。

原因就在于R&D(研发)。因为电火花机用户对品质的要求非常高，所以重点就被放在了研发上。

Japacks 把生产全部外包，这样自身就不用承受这部分重担。就结果而言，剩下的管理费等各类经费全都被投入了研发中。

与之相对的三菱电机和富士通 FUNUC 则还停留在大部分内部生产、小部分外包的阶段。正因为如此，一家小规模厂商才能凭借战略做到与大厂商相抗衡。

②矢量方向的统一化

差异化要素明确了，需要进一步推进的替代方案也确定了，下一个重要因素就是我之前所说的矢量方向的统一化。

神崎制纸是一家从不景气行业中脱颖而出的成功企业。它的企业宗旨承诺，是提供低成本、高附加值产品。

这时，从技术层面来看，专门开发高级纸张或者特殊纸张产品实现了高附加值；而在其他的商业体系，例如生产、销售方面，则贯彻了低成本方针。

例如在生产过程中，企业将有形固定资产尽可能地流动资产化，以降低生产成本。此外，从销售的角度来看，企业尽可能把生产基地往消费地域靠拢以缩减物流成本；管理方面则采取了彻底减少库存的方法。各部门之间的矢量方向统一指向了削减成本。最后终于使提供高附加值、低成本产品成为可能。

日立金属也是在不景气行业中获取成功的典型例子。他们采用的做法是完全从海外导入技术。说得极端些，就是它自身几乎从不进行研发。生产方面，则通过控制研发投资、利用低成本设备满负荷运行来尽可能降低成本。

销售方面，他们针对利基市场销售少量多品种商品。也就是说，针对不同用户对细节的需求，做到细致入微的应对，在各个利基市场长期维持行业第一或第二的位置。

管理方面，做到财务制度稳定，以确保按照上述措施高效运行。

（4）评估选择替代方案

前文中我讲述了差异化战略替代方案选定流程的重点。当然了，对它们做出定量的把握和选择是非常必要的。

这时的第一个重点是，在明确了计算前提的基础上，有必要令每个替代方案定量化。

第二个重点，在评估替代方案的同时，要时刻提醒自己注意差异化效果能持续多久。

第三个重点，实施差异化战略时，对于与其他业务之间的关系、企业本质、现存的体系、高层的理解等随着战略实施遇到的问题，也都要做充分的讨论。

与此同时，各替代方案要遵循怎样的基本方针做差异化、届时什么才是最关键的差异化重心、应该用什么方法加大差距——以上要素都应该重新整理，对各方案的费用、风险、效果以定量的形式做出综合评估。

当然，作为综合评估替代方案的一环，投入的资源数量、预期利润或者预期成长率等要素也需要加入其中。

甚至于，选择不同的差异化模式，事业方针也会大不相同。如果方针本身依附于事业原有特质的话自然另当别论，但如果选择短期内会消失的诉求力作为重点来设定差异化策略，企业就不得不随时思考差异化要素了。

即使设定差异化战略时将事业本身视为较长期的项目，也有可能需要大量研发投资，还必须考虑到可能发生诸多风险的情况。这里我能说的是，选择差异化模式之前，还请确定这项业务在企业内部究竟有多重要。

①拟定战略的必要条件

接下来，在拟定差异化战略方面，说到能使战略有效执行的必要条件，则需要注意三点。

第一点，公司上下必须在决策者积极的领导下摆出实施差异化的姿态。仔细思考自身与竞争对手目前存在多大差距、希望将来与对手拉开怎样的差距，另外包括如何进行用户分组或筛选，都是全公司必须明确的事项。

第二点，企业必须系统地研究，并使用具体而定量的数据做跟进。所谓系统地研究，指的是在思考过程中避免遗漏。

而理论的积累要用定量的数据或详细数据来时时跟进，这是非常重要的一点。

第三点，要同时具备灵活的想象力和细致的思维方式。尤其是灵活的想象力，在制定差异化替代方案的过程中，要想寻找自身能做到而其他企业做不到的方法或自家企业独特的道路，它是极其重要的一个因素。

②三家企业的实例

差异化战略只凭一时兴趣是不可能轻易成功的。在这里，我举三家企业的例子。

假设札幌啤酒采用了我先前所说的流程，即首先把握用户需求，然后细分出用户群体，接着提取差异化要素并对其进行增强。札幌啤酒推出的产品中有一款“一杯生”啤酒。其诞生的背景在于主妇们需求旺盛，加上年轻用户需求的增加。

以前的啤酒对于主妇而言量太大，一瓶喝不完，总会剩下不少。所以市场需要一款容量能满足主妇需求的啤酒。此外，由于年轻人讲究时尚，传统啤酒瓶外形过时不符合他们的审美。札幌啤酒便把着眼点放在了这两点上，采取了差异化战略。

为推出同时满足容量适当和有时尚要素这两点的产品，札幌啤酒便开发出了一款水杯大小、可空手开瓶的新商品“一杯生”。

容量只有水杯大小，主妇也几乎不用担心喝不完。而空手开瓶给人一种方便、灵活的印象，更是受到了热爱时尚的年轻人的追捧。

直到增强差异化重点的阶段，销售渠道从酒馆切换到了以年轻人和主妇经常出入的超市，这种做法使一系列的差异化战略效果更加显著。

再看大冢制药奥乐蜜 C 饮料的例子。此款饮料的诉求点是，这是一款主要面向成人、能够随时饮用的功能饮品。

然而其他厂商也推出了同类商品“力保健 D”，并且是在药店作为强肝剂销售的。这时大冢制药选择的差异化要素是转换商品概念，也就是说，把强肝剂概念置换为清凉饮料，于是一项有效的差异化要素出现了。

而实际增强要素的时候，在药店销售清凉饮料显然是不恰当的。所以为了符合商品概念，企业采取了自动售货机、车站销售等铺开方式。

最后再来看看美国家庭人寿保险公司的“癌症保险”。这家企业思考的是，该以何种方式把当时人们对于癌症的恐惧心，同时也是需求开发为商品。

都说现今时代有半数以上的人死于癌症。从癌症发病率来看，确实足够作为保险对象。公司着眼于此，把目标圈定在了35岁上下的人群——这个岁数的人群大多有了一两个孩子，开始担心一旦自己罹患癌症将对家庭造成何种打击。并且按照年收入来计算的话，保险费用低到令人咋舌。

此外，虽说癌症保险属于保险业务员的业绩主力即人寿保险之一，但企业却选择了非寿险的销售方式，使用代理店向35岁左右的白领提出诉求。

也就是说，美国家庭人寿把大企业旗下的物业管理或保洁等子公司当作代理店，借这一途径来接近他们的总公司也就是大企业本身。通过把大企业作为对象、将员工作为目标客户，最终成功普及了这种癌症保险。

本章总结

综上所述，首先，产品和市场的差异化，是指面对竞争对手，要将自家企业针对用户需求所能提供的产品服务的诉求力尽可能放大（如图 3-8）。

简而言之，就是切实而详细地把握好用户需求以及自身的相对诉求力。能够做到这一点的企业，才能迈出利用差异化战略获得成功的第一步。

其次，市场的用户需求出现了频繁变化和多样化的趋势。最终，针对多样化的用户需求，有时企业自身的诉求网眼太粗，难以起到诉求效果。

另外，相对于用户需求变化的加速，企业自身的体制却容易落后于这种变化。这种现象的原因在于，企业体制是难以在短期内改变的。

所以，对于外部环境的变化以及市场需求的变化动向必须时刻保持敏感，并且要准确找出自家企业应该走的方向，这是第二个重点。

在这样的背景下，企业更应该认识到用户需求与自身诉求点之间的错位，研究出一套能够以自身的独到措施减少错位、增加与竞争对手之间差距的系统方案。在此过程中，加入自身独特的创意会是一种极其有效的方法。

这些过程一共分四步。第一步，详细把握用户需求。我已经说过，这指的是必须尽可能定量把控、彻底细化。

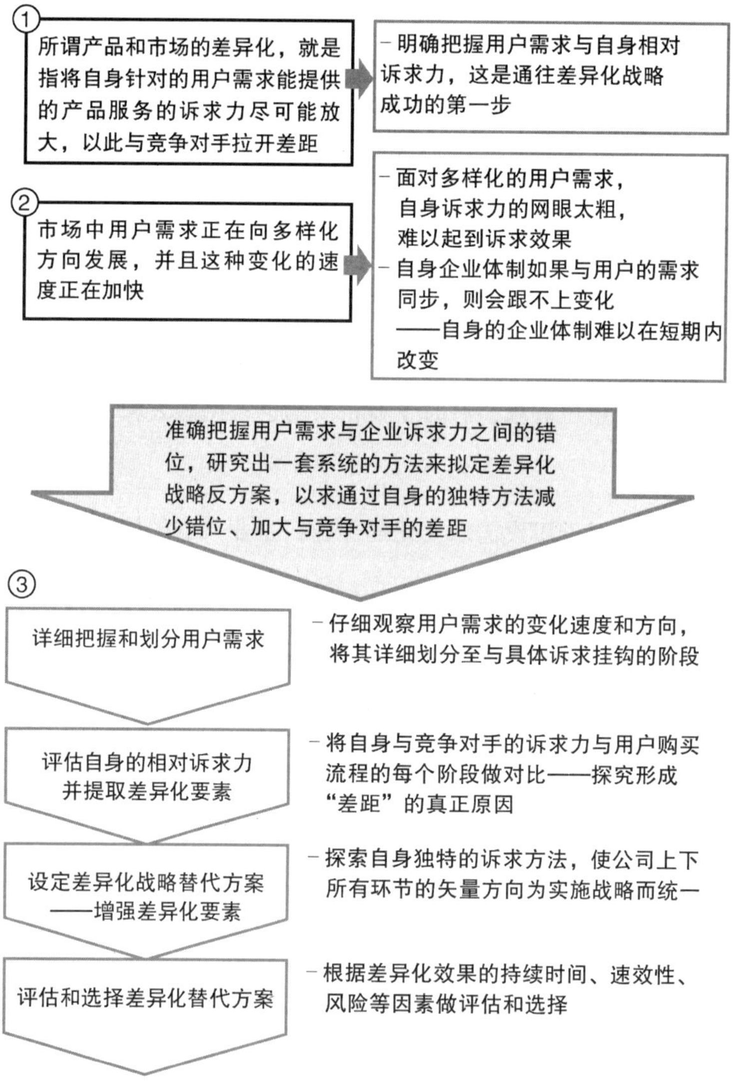

①
所谓产品和市场的差异化，就是指将自身针对的用户需求能提供的产品服务的诉求力尽可能放大，以此与竞争对手拉开差距

- 明确把握用户需求与自身相对诉求力，这是通往差异化战略成功的第一步

②
市场中用户需求正在向多样化方向发展，并且这种变化的速度正在加快

- 面对多样化的用户需求，自身诉求力的网眼太粗，难以起到诉求效果
- 自身企业体制如果与用户的需求同步，则会跟不上变化
——自身的企业体制难以在短期内改变

准确把握用户需求与企业诉求力之间的错位，研究出一套系统的方法来拟定差异化战略反方案，以求通过自身的独特方法减少错位、加大与竞争对手的差距

③

详细把握和划分用户需求	- 仔细观察用户需求的变化速度和方向，将其详细划分至与具体诉求挂钩的阶段
评估自身的相对诉求力并提取差异化要素	- 将自身与竞争对手的诉求力与用户购买流程的每个阶段做对比——探究形成“差距”的真正原因
设定差异化战略替代方案——增强差异化要素	- 探索自身独特的诉求方法，使公司上下所有环节的矢量方向为实施战略而统一
评估和选择差异化替代方案	- 根据差异化效果的持续时间、速效性、风险等因素做评估和选择

图 3-8　产品和市场的差异化战略

第二步，以详细的用户需求为基准，明确企业自身针对这类用户需求的相对重要程度。

第三步，思考如何增强通过第二步明确的差异化要素。这时的重点在于彻底思考企业自身独特的诉求方法。同时还有一点很重要，那就是公司上下所有环节必须以统一的方向执行这种方法。

最后是第四步，从差异化效果的持续性、速效性、风险等各种角度，对利用第三步获得的每一个差异化替代方案进行评估。这也是很关键的一步。

（伊藤良二）

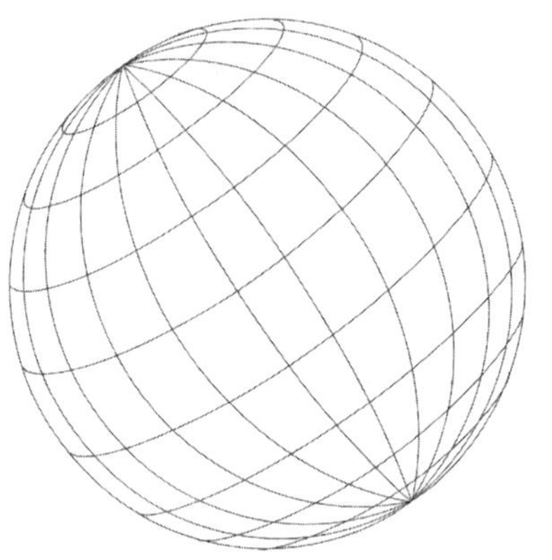

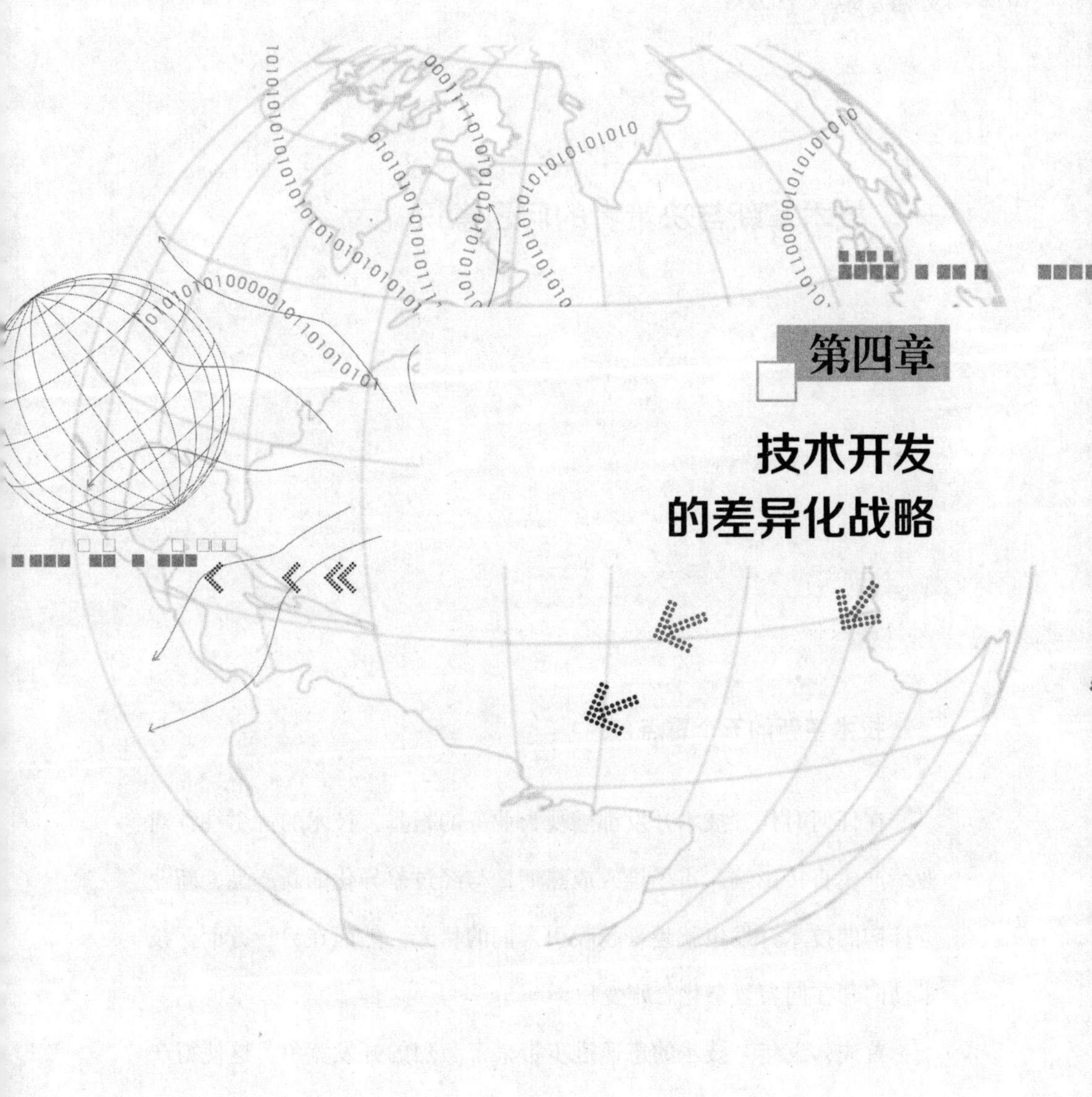

第四章

技术开发的差异化战略

一、技术革新与决策者的问题意识

技术革新的五个重点

在任何时代，技术开发都被视为业务的根基。技术的优劣往往对业绩产生直接影响。市场进入成熟期，与经过差异化的新产品、新业务挂钩的技术开发也就越来越吸引人们的目光。然而在另一方面，技术动向却在向着复杂化急剧变化。

首先，近年来技术的急速进步带来了激烈的开发竞争，这使得产品寿命越来越短，给企业经营造成了重大影响。

其次，我们需要注意到技术的复杂化。底层技术互相交错，牵一发而动全身，所以要做出“应该选择什么作为优先开发项目”的判断变得越发困难。

第三点是我不得不指出的，那就是开发一件产品所需要的人力物力大幅增加。如何应对风险成了企业的一大课题。产品开发所需的不只有开发费用，还需要人才这一宝贵的资源，此外还必须付出无法挽回的时间。这就使得问题变得越发严重了。

第四，技术扩散的速度越来越快。

自家开发的技术流入竞品企业、自家的市场份额被类似产品夺走的例子屡见不鲜。此外，技术信息甚至还流出了国界。一些发展中国家把这些技术作为模板以低成本生产类似产品，并以此对抗原版商品，这种可能性同样存在。

而在另一方面，日本追赶其他国家开发技术水准的速度也越来越快，追上竞争对手的时间也在最大程度上得以缩短。这种现象极有可能成为一种威胁，但同时也可视为开拓事业的良机。

最后，外部环境的不确定性给技术管理带来的影响也必须纳入考虑范围。例如原油价格的波动会给产业的各个领域带来重大的影响。

关于上述五点，还请结合具体事例来思考它们各自的意味。

（1）商品寿命的缩短

先从商品寿命缩短问题开始。

用传真机来举个例子。图 4-1 显示的是某公司每次公布新机型的间隔时间。1978 年的间隔是 18 个月，但最近缩短到了 6 个月。由此可见下一款新机型的间隔时间会变得更短。

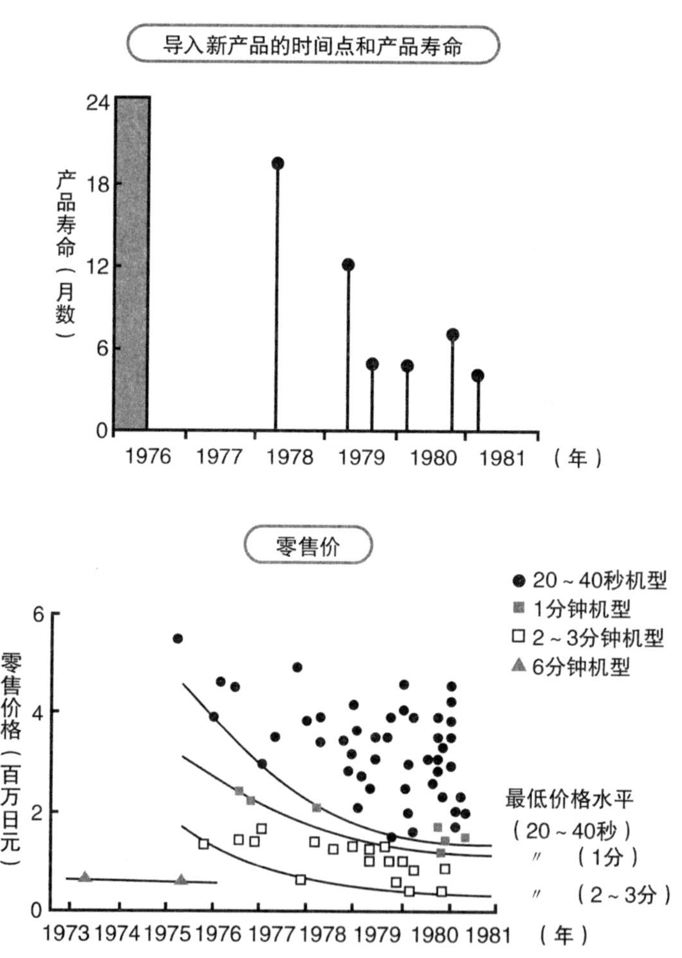

图 4-1 产品寿命的缩短（以传真机为例）

与此同时，产品价格也在向着低价方向变动。开展传真机业务的企业正面临着一个非常艰难的局面，那就是不仅要不断导入新产品，还必须在价格竞争上采取对策。

再看产品寿命缩短的另一个例子，那就是音像制品。在 1975 年，一种机型的产品寿命长达两年多，可近年来却缩短到了一年左右。

这个情况对企业来说有着两种意义。一是让企业意识到自身必须时时为提升技术而努力；二是告诉企业，只有提升研发循环速度才能在最佳时机将产品投放市场，即需要的是高效的产品开发。

这里碰巧举了传真机和音响器材的例子，但时至今日，其他行业产品寿命缩短的现象也是个无法回避的问题。

（2）技术的复杂化

第二个重点，我想说明一下技术复杂的现象，用 OA（办公自动化系统）来举例再恰当不过了。分析传真机、电报、商用电脑等 OA 产品的技术要素，查看其中的相互关联性，可以发现即使对于使用者而言使用价值和功能大不相同，它们的技术却互相关联，存在大量共同要素。

比如某企业有传真机业务，它可以利用相同技术轻松开发出相关产品；反过来，这家企业在把资源集中于传真机业务的同时，其他以复印为主营业务的企业加入传真机市场参与竞争的风险也在悄悄滋生。

此外，近来尖端技术带来的影响也不容忽视。将已有技术和最尖端技术相结合，创造自身能够利用的技术，是领先于竞争对手的关键。

（3）开发投资的增加

第三点，产品开发所需的投入越来越大，医药行业就是个很明显的例子。

首先，开发一种新药所需要的时间，从 1962 年的短短两年，增加到了现今的 10 至 15 年。同样，在费用方面，1961 年需要 1 亿日元，而现在需要 50 亿日元。

针对这种情况，企业就有必要限定开发领域，进行有选择性的开发。拿美国的化学企业为例，联合化学公司在 1975 年业务涵盖 50 多个领域，但现在已经减少到了 40 个左右。杜邦 1975 年约涵盖了 80 个领域，现在缩小到了 40，开发领域数量减少了约一半（图 4-2）。

从行业整体指数观察同样的现象，可以发现从 1974 年到 1979 年这短短 5 年间，企业业务涵盖的领域数量总体下降三成。可以说，无论哪家企业都做到了有选择性地开展开发工作。

在这种情况下，对各企业而言战略性分配有限资源的呼声越来越高。而在另一方面，有选择、有针对性地进行开发的做法也导致“偏离目标”风险的增大。此外，为使成本效益和回报最大化，提升开发流程本身的效率也很重要。

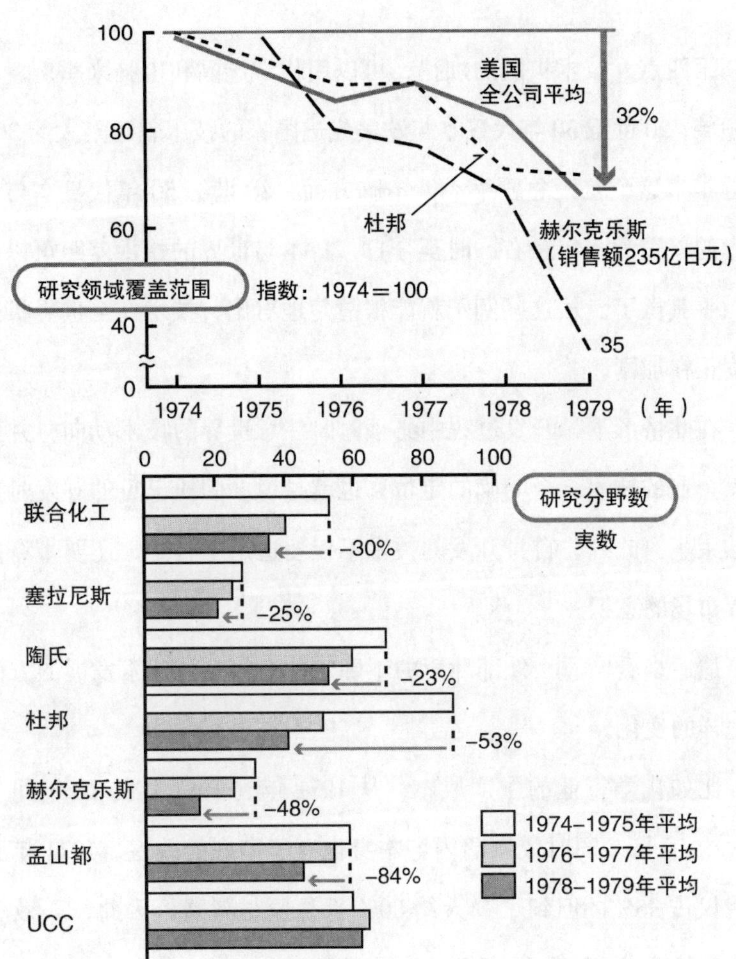

*使用申请专利领域的数量作为研究领域指标

注：前7名公司合计。销售额顺序依次为杜邦、陶氏、UCC、孟山都、联合化工、塞拉尼斯、赫尔克乐斯

资料：US Patent Intelligence and Technology Report 1979

图 4-2　美国化工企业的研发领域演变

（4）技术扩散的加快

第四点，技术扩散的加快，可以用化学产品和电脑来举例。在化学领域，20 世纪 30 年代日本与欧美先进国家的技术差距是大约 30 年，可近年来这个差距急剧缩小。电脑方面，20 世纪 50 年代日本与世界技术的差距为 4 年左右。时至今日，日本与世界的技术差距可以说已经微乎其微了。从这些例子就能很清楚地看出，技术在全世界扩散的速度正在加剧。

在此情形下，开发过程中必须时时注意世界的技术动向，并且给自家企业的技术一个明确的定位。也就是说，固执己见的开发时代已经结束了。此外，自身开发的技术不仅要适用于日本，还要带有推向世界市场的意识。

最后来看一看，外部环境的不确定性会给企业技术发展的方向带来怎样的变化。

比如化学行业的生产成本，从 1971 年到 1981 年的 10 年间上升了大约 10 倍，同时成本的内容本身也有了彻底的改变。1971 年原材料费仅占 35%，但到了今天约 80% 都是原材料费。因此，高效利用原材料的技术，也已经变得极为重要了。

化学企业为应对此类情况发生，成功开发出了使乙烯生产所需能源减半的技术。

（5）应对五种变化的方案

上述内容就是现在已经发生的五种变化实例。下面我想总结一下，它们之中各包含了怎样的意味，又应当如何应对。

首先是第一个，产品寿命缩短问题有两种应对方案。一是设法为自家的产品续命，二是加速自身开发新产品的速度，成为此类产品开发竞争的领导者。这两个方法可以二选一。

第二个是技术的复杂化，对于这个问题需要做出明确的选择。而且有一点很重要，一定要把资源有效地用在选定的领域中。

同样的应对方案，也可以用于第三个问题也就是开发投入的增加中。要是想全靠自家企业来开发的话，经营资源当然会出现不足，所以也应该考虑技术导入这一途径。与此同时，应当如何平衡自家开发和技术导入的比例、怎样才是对自身最有利的做法，都是需要重点思考的问题。

对于第四点技术扩散的问题，则有必要尽可能保护自身技术不扩散。也就是说，先建立技术上的优势地位，再寻求尽可能长时间保持优势的对策，这种做法是有效的。反过来理解，创造一种其他企业的技术容易流入自身的局面同样重要。为此，企业需要时刻关注和理解其他公司正在开发什么。无论是自家技术还是别家技术，乃至其他行业的技术，能否将它们有效融入自身产品中，也会成为决胜的关键。

最后是对外部环境变化的应对方案，需要预先做好灵活的资源分配，为修正轨道留下余地。

到这里，我站在普遍意义角度进行了解说。但事实上哪怕只看产品寿命缩短这一个现象，当它发生在自家企业所属的行业中，和发生在其他行业中，应对方法自然而然会有所不同。

比如当产品寿命的缩短出现在了自身所属的行业，那么企业就必须积极参与到产品开发的竞争中，使自身永远快竞争对手一步导入新产品。

反过来，如果自身所属行业的成熟度较高（如重工业、化学、纤维等），当其他行业出现产品寿命缩短时，就要学会巧妙利用这一现象。比如化学企业，可以把资源倾注到开发一些能让正在成长的行业成为自身客户的产品，例如适用于电脑和通信器材的产品。

决策者的问题意识

此前我就技术开发对于企业的重要性、在此领域中发生的各种变化、应对变化的重要性，一一做了阐述。

那么下面我要接着讲述的是，作为决策者应当如何看待这些问题。

我从我们的亲身经历中，挑出了一些与决策者问题意识相关的项目。自身的技术开发是否真的在向帮助企业成长的方向发展；自身目前产品开发和基础研究的平衡是否恰当；又或者，当必须决定产品开发项目和研发项目的时候，是该一开始就决定，还是观望一阵再决定——这些都是决策者问题意识的典型案例。

把这些问题意识进行大致分组，可以得到四类。第一，如何把科学和技术结合起来；第二，是究竟该重视基础研究还是产品开发；第三，目前资源分配的比例是否合适，开发工作是否在高效进行，产出是否与资源的投入相匹配；第四，对于对手究竟在做什么感到无比好奇。

此前，企业往往从战略角度来分析技术开发，但其实组织和人，也会给开发带来很大问题。

例如存在下面这种常见现象——决策者不懂技术，所以其在没有任何指向的前提下命令部下搞开发，用一句“总之先去做，赶紧解决”，把皮球踢给了开发部门。又或者，开发人员游离于管理，两者间沟通不畅。这种情况也很常见。最终开发计划堆积如山，可新产品却一件都做不出来。同时，企业或许还陷入了业绩持续下降的困境。这些问题又该如何解决呢?

二、技术差异化战略指导方针

四个重点

想通过技术开发来使自己不同于其他公司（差异化），最要紧的是什么？我想谈谈下面四点。

第一，明确技术开发的基本思路。一直以来大多数企业的思路是“以业务为重，技术为业务提供辅助”。针对这种看法，我们建议“技术先行于业务”——也就是说，应当将技术视作一种催生业务、引领业务的功能。

第二，企业理解技术的切入口是什么。一直以来，“技术”二字前面总少不了某某业务、某某产品、某某生产等前缀。但从今往后，企业应该更加从宏观的角度看待自身技术。不仅是自身的技术，还有位于技术基层的科学、其适用的市场，将这三者融为一体，再去定义自身应当涉及的领域“范畴”，是非常重要的事情。

第三，资源分配问题。这个问题总是循环往复地出现，但现在战略性分配的重要意义更甚以往。

第四，应当如何圈定市场范围。技术开发的目的一直以来都偏向于日本国内市场。然而今后，即使从技术差距缩小的角度来看，也有必要站在全球角度、以全球市场为前提开发自身技术。

下面我会就这四点一一举例说明。

（1）先行于业务的技术

首先，企业必须摆脱“以业务为重，技术为业务提供辅助”的传统固定观念。从针对已有业务进行技术开发的思路，转变为先开发技术，再将技术套用到已有的业务中，或是用新技术开辟新的业务。从我们的经验来看，那些被认为凭借技术开发获得成功的公司，它们的思路基本都更接近于后者（图 4-3、图 4-4）。

接下来解释一下,为什么针对已有业务开发技术的传统思路行不通了。

一直以来，将技术视为业务辅助项目的企业，首先都有本部、有事业部，下面还有产品业务部等等，产品排在第一位，技术开发和产品开发部门永远被放在次要位置。于是，当环境发生剧变、用于基础研究的资源容易出现紧缺的时候，企业就会遇到极端困境，于是重心会逐渐转向开发已有产品的改良技术，开发全新技术的余地越来越小。如此一来，企业要想站在利用外部革新技术使业务重获新生的观点看问题，也变得越来越困难了。

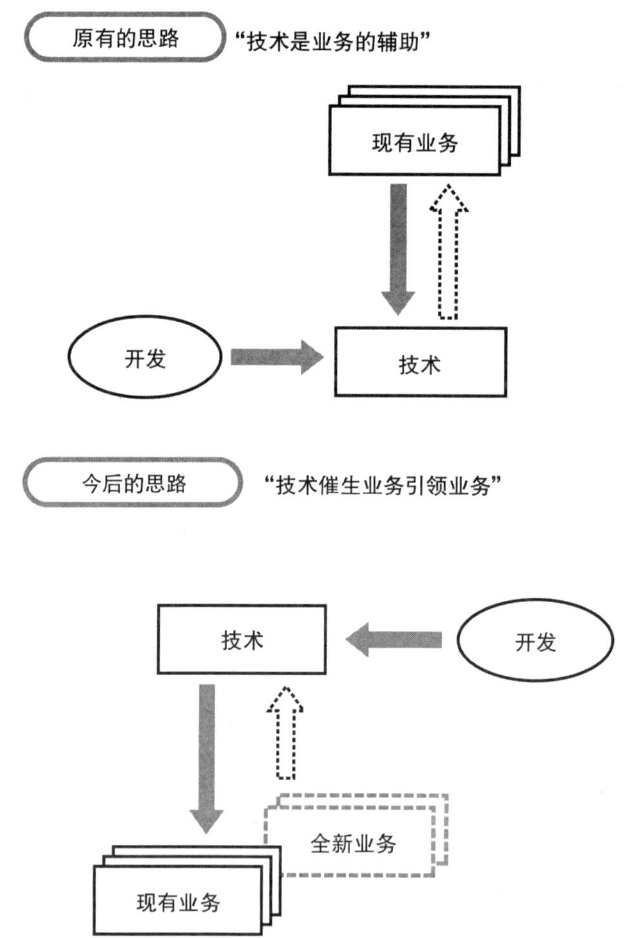

图 4–3　技术管理

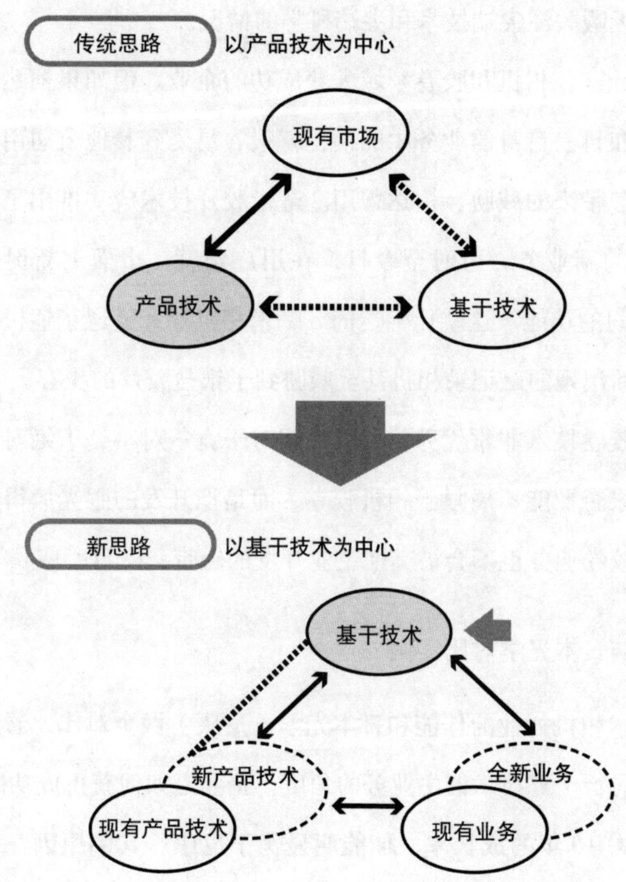

传统思路
以产品技术为中心
现有市场
产品技术
基干技术
新思路
以基干技术为中心
基干技术
新产品技术
全新业务
现有产品技术
现有业务

图 4-4 技术管理

①柯达实例

这里就用柯达的实例来探讨一旦现有业务先行，当技术随后跟进时，企业便无暇关注尖端技术和尖端科学的情况。

柯达是一家在相机和胶卷领域大获成功的企业。但如果柯达把研发重点集中在目前自身的业务中的话，就很容易受到其他公司用新技术开拓的业务带来的威胁。柯达曾用8毫米胶片技术成功推出了8毫米胶片相机的新业务，可时至今日，在用户角度，市面上新诞生的VTR有着相同的功能，这就让柯达的8毫米相机业务遭遇了危机。同样地，最近新出现的磁记录相机甚至威胁到了银盐胶片的生存。

柯达的胶卷技术非常优秀，可以说相对于竞争对手处于绝对的优势地位。如果企业能不局限于相机胶卷，而是把开发的眼光放得更长远些，相信胶卷业务也不会被其他企业开发的磁带、磁盘所威胁了。

②佳能与日本光学对比实例

再用日本相机行业的佳能和日本光学（尼康）做个对比，看看如果站在技术先行、靠技术催生业务的角度，企业是如何获得成功的。

按照过去10年的成长率，佳能明显优于尼康。其中原因在于产品结构的变化。将1970年的产品结构与今天做比较后可以看到，佳能的复印机业务现在发展得很大。这项业务在10年前根本不存在，可现在却占了总销售额的大约三成。而与之相比，尼康的产品结构几乎与10年前完全一致。

如果佳能一直把自身的技术开发局限于相机业务，相信复印机这块新业务就不会诞生了。佳能没有把用于相机的技术仅仅当作相机技术，而是很有远见地把它视为光学技术，不过是碰巧被用在了相机上而已。这就成了二者的分歧。此外，佳能曾经还有过计算器业务，他们同样没有局限于计算器，而是把技术视为了更加高层次的电子工学技术。而经过这样的组合，佳能开发出了各种各样的新产品。通过给相机添加电子工学技术，AE-1 以及 autoboy 等机型被成功开发并推向市场。此外，在复印机领域，也推出了融合光学技术、电子技术、照相技术等各类技术的新产品。正是依靠这种做法，佳能才成了现在的相机、医疗器械、OA 器械的知名生产商。

③本田技研实例

再举个本田技研的例子。本田技研从摩托车行业进军汽车行业并获得了成功，因为他们没有将自身的摩托车技术局限在本领域内，而是站在更高角度把它当作发动机技术。此外在开发方面，本田技研相较其他公司投入了更大的费用，最终赶上了汽车市场的末班车，做大了业务。本田还正式运行了小型发动机的单独销售、便携小型发电机，以及小型手扶拖拉机业务。就这样，业务的增加同时带来了企业的整体成长。从 1950 年摩托车技术这个非常狭小的格局起步，一直发展到乘用车的复杂技术，并且事业还得到了成功——本田是一个很好的例子。

④投资组合分析的局限

我们应该如何去理解看到的几个例子？

有一种方法能评价自身企业各项业务的吸引力，那就是投资组合分析（图 4-5），做法是将市场的吸引力设为纵轴，企业的自身竞争力设为横轴。假设在此分析中存在某项业务，不仅市场地位低，市场本身也并没有多大吸引力。也就是说，这项业务并不具有吸引力。但是，这不代表构成这项业务的技术要素不吸引人。业务本身没有吸引力，和业务中的技术所具备的吸引力，是两个问题。

比如纤维业务。传统观念或许认为这项业务吸引力不大，但从纤维技术的角度来看，要想用新材料即碳素纤维开发产品，这却是项不可或缺的关键技术。

即使某项业务的吸引力减弱，但其中有时也会存在具有成长空间、独具魅力的技术要素。在这种情况下企业就必须转换思路，设法开发这些技术然后用于其他业务。如果只着眼于已有业务，是很难冒出这种设想的。

另一个问题，在商业投资组合中，只会出现目前存在的业务。也就是说，它隐藏了即将推出的新业务和准备开展的未来业务。如此一来，只要在商业投资组合的框架内思考，就不存在新业务出现的余地。对应业务的技术、对应技术的业务——如果用这种狭隘的眼光将技术和业务一一对应，无视外部的新技术和其他环境要素的话，则很容易阻碍新业务的诞生。

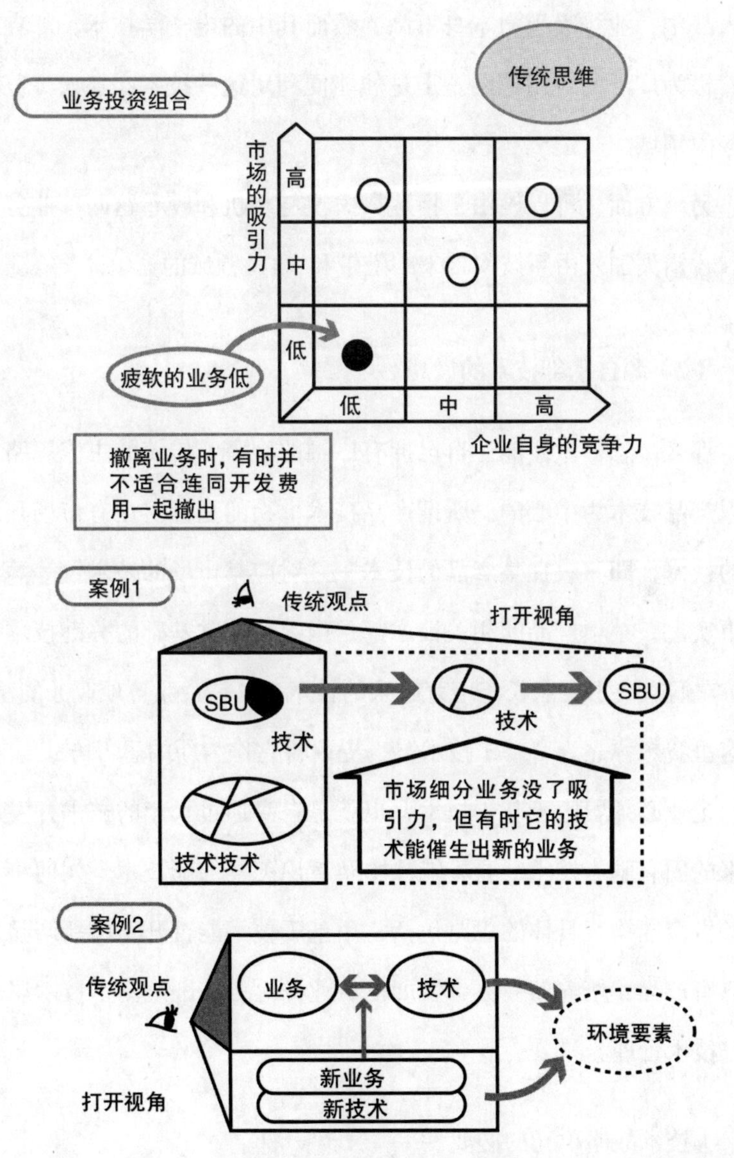

图 4–5 业务战略与技术战略

先前的例子也是如此。佳能的计算器业务本身处于非常激烈的价格大战中，业务吸引力本身不高。然而其中的电子学技术，却在目前有着极为广泛的应用范围。于是佳能便利用这些技术，加入了复印机业务的领域。

另一方面，可以说由于柯达只关注与相机和胶卷这两项业务的技术，才错失加入由新技术带来的磁带和 VTR 领域的竞争。

（2）源自基础技术的设想

那么，怎样做才能让自己拥有广阔的视野？传统的主流思路，都是以产品技术为中心的。所谓产品技术，指的是针对已有市场开发产品的技术，即“改良某产品的技术”“对应某市场的技术”等等。然而事实上，某项产品的相关技术都是由数个非常基础的关键技术组成的。它们取决于企业长年培育起来的技术，也是企业各项业务的基干。在这里我想称之为“基干技术”，提议将它作为新的思考方式。

企业必须着眼于基干技术，也就是自身通过长年的技术开发培育起来的固有基本技术，看看能从中孕育出怎样的新技术、如何将其与业务机会挂钩。具体的思路包括，用基干技术能否开发出新产品、改良已有产品、培养新业务、发展已有业务等等。围绕基干技术思考，推进技术管理。

①技术战略单元的必要性

那么，如果像这样把基干技术放在核心的话，该如何往组织体系中嵌入技术战略单元呢?

在 20 世纪 60 年代经济飞速成长时代，业务以惊人的速度向多方面发展。于是企业采取了事业部制的管理制度。然而在另一方面，开发却被中央研究所等中央机构统括在了一起。到了 20 世纪 70 年代，以市场为中心的呼声渐起，营销越来越得到重视，企业开始致力于开发针对市场的产品。伴随着这一现象，技术也连同业务部一起被分散编组。

可是到了 20 世纪 80 年代，企业的技术越发复杂。这正巧与经济飞速成长期的业务发展形态相类似，而且有时还会向与已有的事业部正相反的切入口方向发展。这时，就像事业部的存在是为了业务那样，企业有必要为了技术再设立一个有别于业务部的技术战略单元。这就是我们这次的提议。

②技术战略单元的构成

下面来思考一下如何组成技术的战略单元。

首先，应该怎样划定技术战略的涵盖范围?需要关注的不仅是技术，还有孕育出技术的基础也就是科学，另外，技术所适用的市场也必须纳入视野。将与自身相关的技术、科学、市场综合地来思考和看待，这才是技术战略的涵盖范围。这时最重要的，是不仅要观察技术、科学、市场的每一个要素，更要找出它们之间存在的关系。

来举一个例子证明我刚才说的综合思考（图 4-6）。左边是发生在科学领域的事件，右边是发生在业务领域的事件。将它们并排后就能看出市场、科学、技术彼此间存在怎样的关联了。

首先在科学范畴中，光学工程（wave physics electron diffractor）成了研究热门，电子显微镜便诞生自其科学原理（技术）。接着，电子显微镜的市场确立，其使用方法也得到了进一步开发。尔后，科学家利用电子显微镜进行生物化学研究，再从研究获得的新发现中，开发出了现今的生物化学（高科技）相关产品，逐渐培养起了市场。

这就意味着，企业必须明晰科学、技术、市场之间的联系，理解科学新发明、新发现的意义，并且看清它们能够被如何应用在市场中。如今科学与市场之间的距离被缩短，昨日的发现直接与今日的市场挂钩，在此环境下三位一体的思考方式就变得极其重要了。

在思考技术的同时，还必须加上下面四个要素的影响，即公司整体的战略目标、周边科学技术的动向（世界上发生了什么）、政治竞技等环境动向，以及最后一个要素——自身现有业务的投资组合。企业的技术管理必须做到这四点互不矛盾，并在它们发生变化时能做出及时应对。

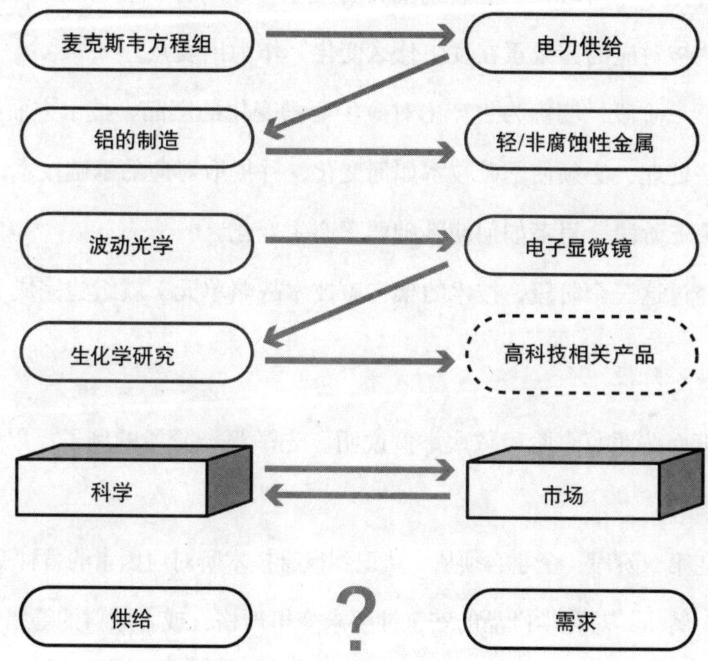

图 4–6　科学的发达与新产品的开发

③技术战略单元组建流程

下面来说说组建技术战略单元的具体流程。如图 4-7 所示，组建流程的概念图大致分为三部分，以下对每个流程做具体解说。

首先第一阶段，企业要明确自身技术必须与什么相对应，将“认识那些被对应的因素正在发生什么变化”作为出发点。

第二阶段，明确为生产出对应了要素变化的产品，技术方面应该做哪些处理、必须使基础技术如何变化，并提取对应的基础技术。

第三阶段，思考如何使基础要素产生变化。

经过这三个阶段，技术的架构（技术战略单元）就组建完成了。

第一阶段

下面按照每个阶段依次举例说明。先举第一阶段的例子，以化学产品为例。

在第一阶段，企业必须从“认识到自身技术所对应因素的各种变化”起步。例如，对化学产品的安全性要求变得严格，或者原料的筹措变得困难、能源价格暴涨，等等。这时，市场就会开始需要能够应对这些变化的产品。于是，为开发不同于以往的产品，更需要技术方面的应对。

此外还有一个要素，那就是用户需求。用户的经济性变得比以往更加重要，所以对于用户而言，开发操作成本低的产品也就越发重要，如此一来，企业就不得不迫使自己去拥有能以低成本开发产品的技术。

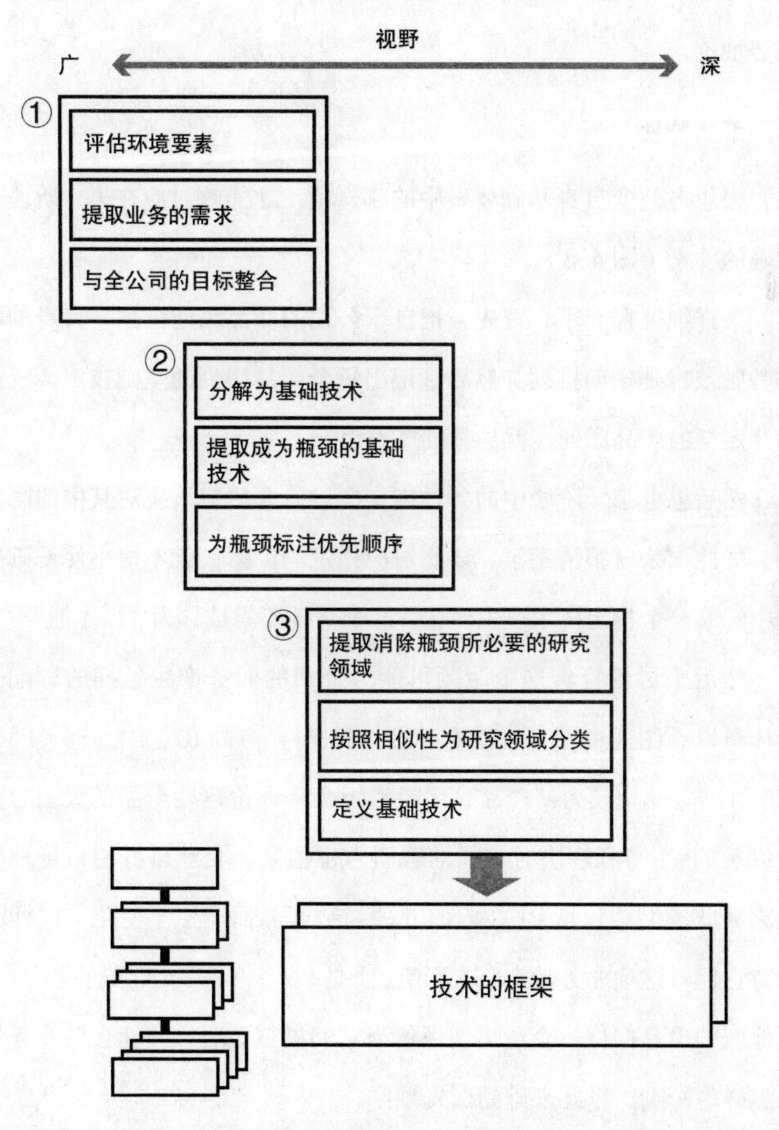

图 4–7 技术战略单元的组建

第三个要素，将公司上下的战略目标纳入思考范围。例子中的公司目标是“成为业内龙头”。也就是说要在技术上比竞争对手更占据优势地位。

第二阶段

去思考改变自身基础要素中的哪一项，才能够对应在第一阶段中明确的要素（图 4-8）。

来详细解释一下。首先，把自家公司的产品纵向排列，自身的相关基础技术则横向排列。然后标记出每个产品用到的基础技术。经过如此定义的产品序列，就是基础技术矩阵。

然后思考第一阶段中的各种因素，讨论今后应该应对其中的哪一项。如此一来就很清楚了，要想对应指定的因素，就不得不使基础技术中的某一个特定技术产生变化。这个基础要素被称为“技术瓶颈”。

然后来讨论打破这个瓶颈可能对公司的业务产生怎样的影响。具体可以看图表中，当瓶颈 T1 得到解决时，产品 P1、P4、P6、P8、P10 将顺应变化成为新产品。用投资组合来评价这些产品的吸引力，可以看到 T1 得到解决时市场的吸引力也很高，企业自身的市场地位也因为此领域中包括 P1 在内的五种强势产品而产生了变化，同样能期待它们对这项业务带来巨大影响。于是，解决 T1 就被排在了第一位。其他瓶颈也是同样，企业需要评价当它们被打破时，预计会对业务带来怎样的影响，以此来排列优先顺序。

②-a 定义产品序列基础技术矩阵
第二阶段
产品序列
基础要素
P1
P2
P3
P4
P5
P6
P7
P8
P9
P10
相关基础技术
②-b 讨论环境要因的影响，提取技术瓶颈
环境要因
产品序列
产品序列
P1
P2
P3
P4
P5
P6
P7
P8
P9
P10
Σ
T1
T2
T3
T4
瓶颈
②-c 按照对业务的影响大小给瓶颈排列优先顺序
P4
P1
P8
P10
P7
P9
P3
P6
市场的吸引力
企业自身的优势
对业务的影响程度
T1
T2
T3
T4

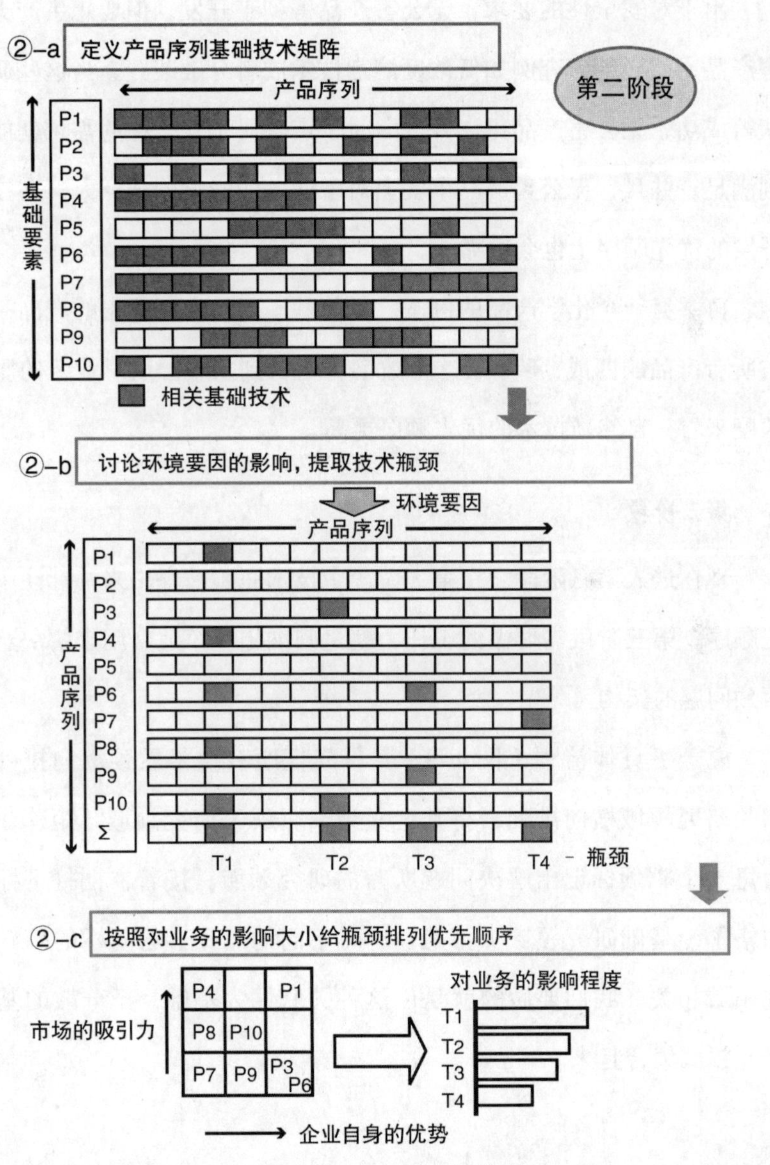

图 4–8

第二阶段，我们还是用化学产品来举例。

出于对安全性的要求，无公害产品得到了开发。但要想生产无公害产品，就必须研究例如低浓度溶剂技术或者分散装置。当这些研究获得成功、无公害产品得以开发之时，市场对于安全性的需求就能得到满足。并且，无公害产品事实上对于业务的影响同样巨大，在技术开发的优先顺序上也会更靠前。

再举另一个化学产品的例子。目前基于新技术开发出的产品，约占所有产品的四成，8 年后这个数字将增长到六成。从对业务的影响角度来看，自然新技术的优先顺序更高。

第三阶段

现在进入第三阶段。在第二阶段中技术瓶颈被提出来并标注了优先顺序。第三阶段需要做的工作，就是归纳出一个适合用来解决这些瓶颈问题的架构。

说一下具体流程（图 4-9）。首先把所有技术瓶颈纵向排列，相关研究领域横向排列，将其定义为“瓶颈 X 研究领域”矩阵，再为每一个瓶颈标记出解决问题所需的研究领域。接着，把打了标记的格子（基础研究领域）打乱。有时不同的瓶颈会与同样的基础研究领域相关。我们要做的就是以这种关联性为基础，把分散的基础研究领域集合起来。

第三阶段
③-a 提取与各瓶颈有关的研究领域
研究分析
不同领域技术的影响
竞争对手
R1 R2 R3 R4 R5 R6 R7 R8
T1
T2
T3
T4
③-b 将诞生自相同科学的基础技术归在一类
基础技术单元
将诞生自相同科学的基础技术归在一类
在考虑到相乘效果的基础上归类共同基础
③-c 定义基干技术
技术战略的框架
技术战略单元完成

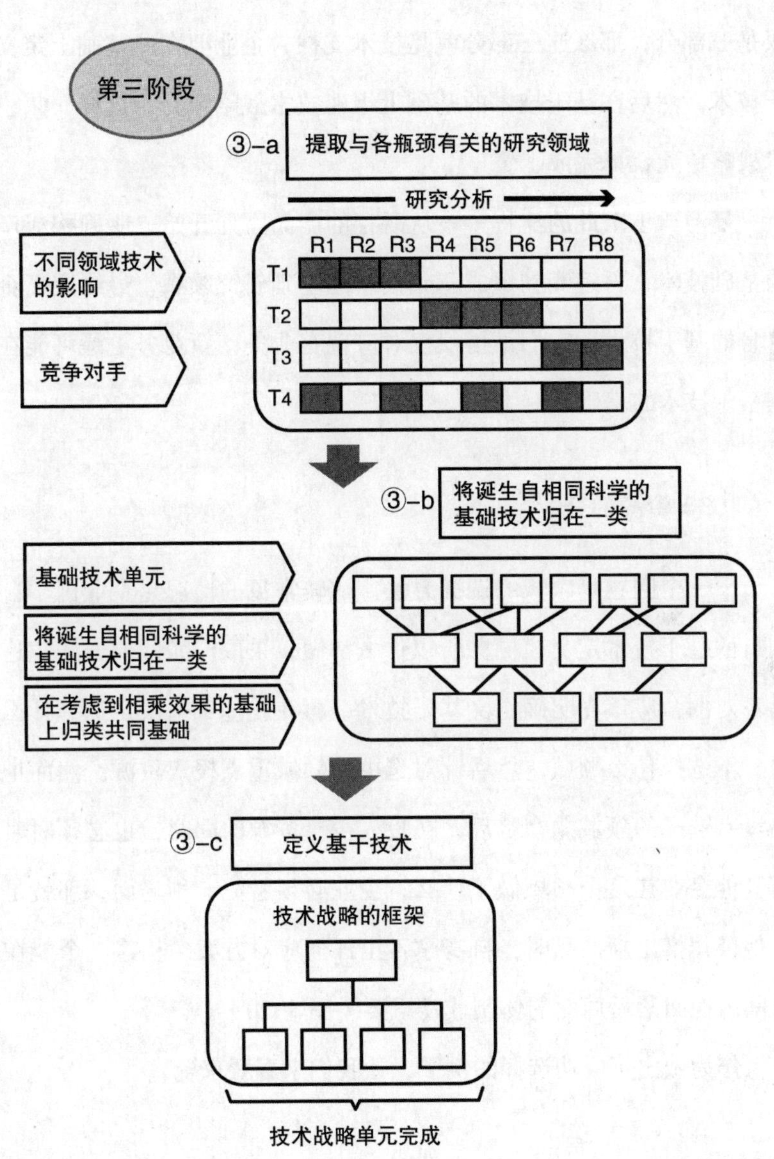

图 4-9

加以相乘效果，将密切关联的要素归为一类。假设最终的归类结果是三部分，那么这三部分就是技术支柱，企业要在此基础上定义基干技术，然后在基干技术的基础上组建技术战略单元。这样一来，技术战略单元就算完成了。

复习一下至此的流程——从既存的产品序列开始，明确构成产品的基础技术，再追溯到组成基础技术的基础研究领域，最终定义企业自身的基干技术。它们不再仅仅对应现有业务，新业务更是可能在这些基干技术的基础上诞生。

（3）资源的分配

下一个问题是领域的选择方法。比较常见的情况是企业由于自身拥有的基干技术定义模糊，所以什么都做，采取广撒网的方式。这样是不对的，应该先明确定义基干技术，再在此基础上决定选择什么领域、不选择什么领域，然后针对选中的领域重点投入资源。然而把那些没有选择的领域抛在脑后，在投入少量资源的同时，也必须时时紧盯其他企业在这个领域做了什么。企业必须避免一种局面，那就是当其他公司推出新产品时，自身拿不出任何应对方案。构建一个能在短时间内挽回落后局面的体制非常重要（图 4-10）。

作为做出了成功选择的例子，让我们来看看京瓷。

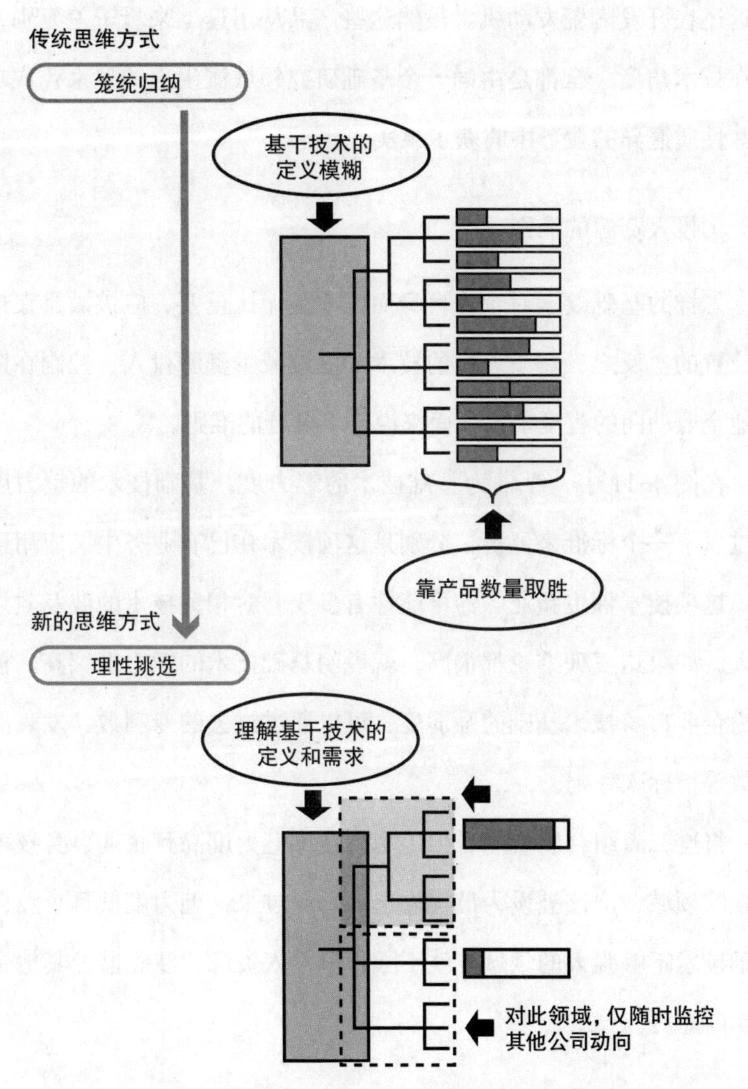

传统思维方式
笼统归纳
基干技术的
定义模糊
靠产品数量取胜
新的思维方式
理性挑选
理解基干技术的
定义和需求
对此领域，仅随时监控
其他公司动向

图 4-10　领域的选择

京瓷将资源集中在了拉晶技术上，并在之后完成了数种用途不一的产品。例如IC用材料、工业机械用陶瓷、生物化学、人造宝石，最近还在开发陶瓷发动机。虽然这些产品从用途上来看千差万别，但站在技术角度，全都是由同一个基础研究领域派生出的。京瓷成功在这些性质迥异的业务中收获了果实。

①投入资源的准则

怎样的基础要素对企业自身而言才是无比重要、应该被排在最优先位置的？反之，对于怎样的技术才应该减少资源投入、控制在监控其他企业动向的程度上？下面来说一下挑选的准则。

在图4-11中，纵轴为基础技术的魅力度。基础技术的魅力度可通过以下三个标准来评价，分别是这项技术在已有业务中被应用了多少、这项技术催生新业务的可能性有多少、对相关技术的波及效果有多大。如果这三项结论都很高，就说明基础技术的魅力度很高。横轴设为企业自身技术基础的强弱度，可以通过过去的专利数、发表的论文数等指标来评判。

将这二者组合后就能看出，基础技术魅力度高且企业自身技术基础强的领域，应该被设为最优先选项。反过来，魅力度低且企业自身基础技术不够强大的领域，就不必积极投入资源，注意监控其他企业的动向即可。

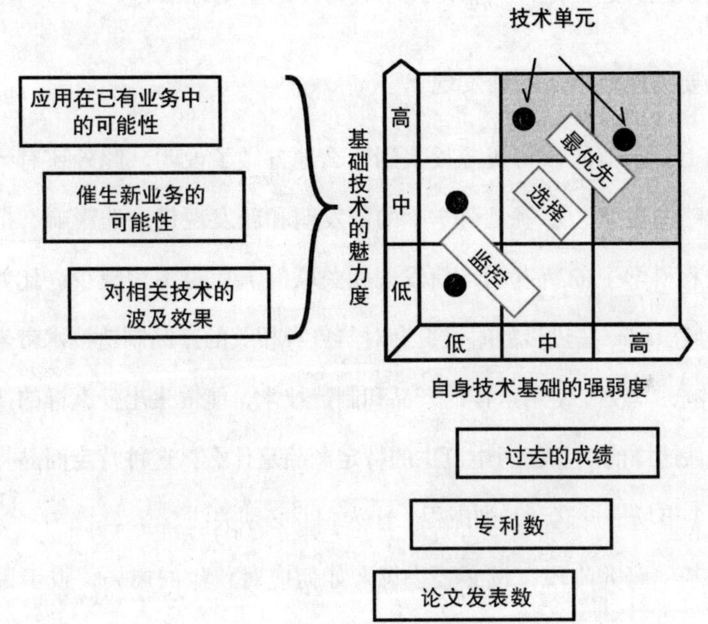

图 4-11 研究领域的选择

现在举一个石油化学的例子。我们可以认为与未来尖端或大型技术（煤液化、生物科学等）相关、未来有可能发展为大型业务的尖端或大型技术的种子的基础技术，具有极大的魅力。

还有一点，企业要思考开发这些基础技术能给自身已有产品多大的发展余地。这也是评判基础技术魅力度的重要环节。

②要关注科学上的新发现

以上，我就应该将资源投入到什么地方做了说明。此外还有一个不能忽略的要素，那就是科学上的新发明和新发现带来的影响。把市场需求和科学上的新发明、新发现相关联的流程也不可缺少。比如当科学领域出现一些进步的时候，会对与自身相关的产品制造技术带来怎样的影响；其次，使用这样的产品和制造技术，能催生出什么样的产品创意；从这样的产品创意中诞生的特定产品是什么；这种特定商品将适用于哪个市场——这一系列流程，作为企业必须关注。

在基础研究阶段，没必要去思考如何应对狭隘的市场，或者说，站在更高的角度看待市场才是更重要的。到产品开发这一步，再去思考如何应对市场、把焦点放在特定市场即可。

至此，我们思考了应该如何对待企业自身的技术开发，不过对于企业而言，真正意义上的技术管理，其实还包括了利用其他企业的技术。利用其他企业的技术（专利、技术交流等）、探讨尖端技术的利用方法、寻求技术融合——管理这些全部内容，才称得上真正意义的技术管理。企业在这样的技术管理中拟定技术战略、将其融入企业战略中并切实地执行，我想这才是获取成功的钥匙（图 4-12）。

（4）如何理解市场范围

下面来说说怎样去理解市场定义。传统观点都是把日本国内市场放在首位，但今后的第一要务，将会是站在全球视角进行研发。

从技术扩散的现象也能看出，世界正在变得越来越小。调查黑白电视机在世界各国（美国、日本、欧洲各国）的普及过程可以发现，从最先普及的美国，到普及日本、欧洲，经过了长达 12 年时间。可再看最近的 VTR，当美国的普及率达到 10% 的时候，欧洲仅用了 4 年时间普及率便达到了 10%。普及所需时间从 12 年缩短至 4 年，由此可以得出结论，技术在世界扩散的速度越来越快。

所以企业必须时刻注意全球技术的动向。在以全球市场为前提的情况下，另有其他几点企业不得不慎重对待，那就是要对于世界上有谁、在哪里、进行着怎样的技术研究这几点保持信息同步；开发在世界上具有竞争力的技术；针对已有的业务，当拥有国外新技术的竞争对手加入的时候，企业要提前做好应对方案；以及相反，导入国外的优秀技术，在国内市场面对竞争对手时立于不败之地——这些都是非常重要的因素。

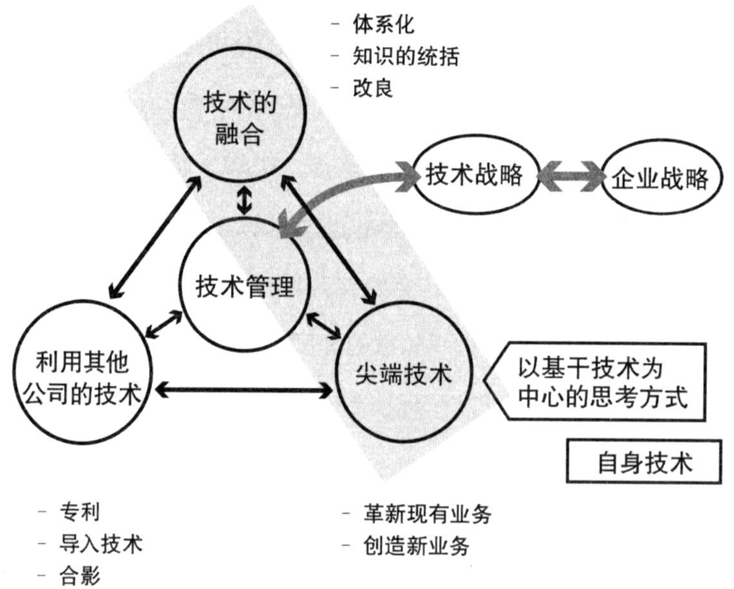

图 4-12 技术管理的构造

三、对于管理的意义

最后，我想就风险问题以及在执行拟定的战略时组织应当如何自处这两个问题做说明。

首先，要把风险降至最低，企业就必须选择相对其他公司而言较强的领域集中资源，无论做什么，都要保持开阔的视野。

与哪些市场有关、与哪些尖端技术有关、世界的动向如何等等，在技术开发的同时保持上述开阔视野，必然能在一定程度上有效规避风险。

组织当如何自处

下面来说下组织应该如何自处的问题。

要想切实执行拟定的技术战略，就必须把组织的机构、体系、人才（员工）、能力（技能），以及组织整体的环境（风格）都定位在同一个方向上。

首先是体系的确立。开发工作是在企业各部门展开的，企业需要系统地把控和明确两点，一是全公司上下目前哪个部门在做些什么，二是外部环境发生了怎样的变化（图 4-13）。

作为组织机构，就必须协调基干技术和产品技术。企业应设置中央研究所，研究有关基干技术的长期项目。另一方面，在各业务部中设置独立的产品开发部门。这些部门须以“将现有业务的竞争力维持在最高级别”为目标，肩负起产品开发的使命。

同时，面对这两种性质迥异的开发研究，决策者的应对策略也要改变。对于像中央研究所一样以基干技术为中心的研发，公司必须摆出长期发展的姿态，但同时，对于各个独立的项目推进，则要贯彻权力下放给中央研究所员工的姿态。

此外，在各项业务的产品开发中必须把效率放在第一位，以确保产出的利润符合投入的资源。或者做好开发日程规划，在恰到好处的时间点导入新产品，不落后于竞争对手。

当然了，这两种性质迥异的研究必须单独进行。中央研究所产出的研究成果必须与产品开发挂钩，并且最终变成新产品。反过来，从业务角度对基础研究提出的要求，都必须确保反馈给中央研究所。

企业战略的整合性也不能忽略。企业必须设置时时监控技术战略和企业战略整合性的体系。

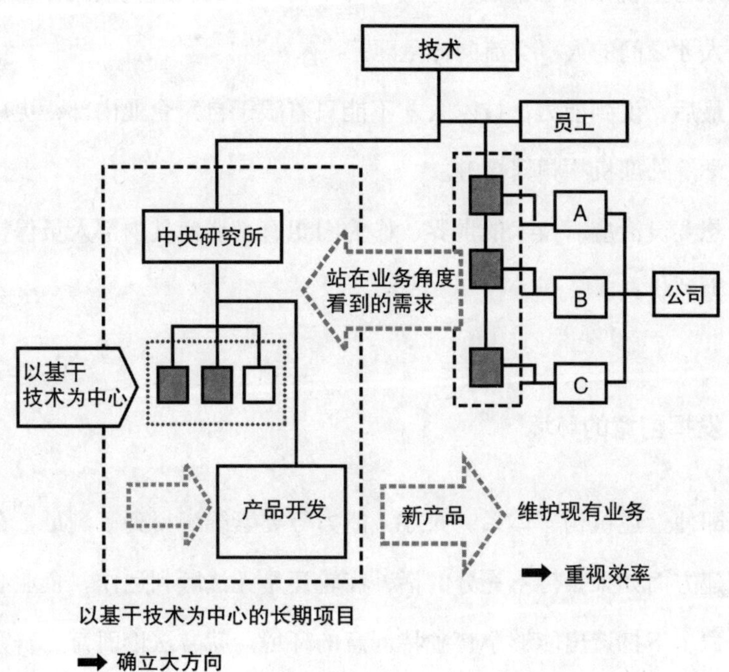

技术
员工
中央研究所
站在业务角度
看到的需求
A
B
C
公司
以基干
技术为中心
产品开发
新产品
维护现有业务
➡ 重视效率
以基干技术为中心的长期项目
➡ 确立大方向

图 4-13 机构及体系

人才教育

关于组织人才（员工）以及能力（技能）的问题，我是这样认为的：首先人才需要讲究质与量的平衡、工程师和科学家的平衡、重视市场的人才与重视未来愿景的人才之间的平衡。促进研发科技人才与营销营业人才之间的人事交流同样重要。

最后，说到能力，技术人才不能只着眼于自家企业内部，更应当与大学等外部机构频繁接触。

想要灵活应对技术的世界，作为组织有必要使其内部人员保持充满活力的状态。

发挥创意的环境

即使上述机构、体系、人才、能力等要素统统得到了满足，在环境创建方面如果条件不充分的话，齿轮还是无法顺利运作。企业必须在公司上下打造出能够孕育独特创意的环境。就方法论而言，研究项目的参与者与决策者直接沟通是最有效的。此外，不仅是执行阶段，决策者从企划阶段便介入项目尤为重要。孕育创意的土壤固然不能缺少，而当优质创意诞生时，第一时间将其接受的姿态也非常关键。3M等企业在这方面就做得很到位。

把与技术相关的员工放到公司的重要职位上，也是一种在公司内部营造奖励技术开发环境的做法。

本章总结

由于企业自身资源有限，所以不可能涉及所有领域，只能有选择性地介入。另一方面，由于竞争对手的资源同样有限，所以一样会选择部分领域。自身选择的领域不同于其他企业，就能切实地做到差异化，也与差异化战略直接挂钩。想要做出正确的选择，就得学会恰当评价业务机会、利用相互关联性、充分运用自身已有的竞争力——这些都是关键要素。

在制定技术战略的基础上，决策者需要一定的领导力来为实施战略搭建基础，确保企业内部各种研究活动的持续性和一贯性。

（P.S.Ghosh/ 本多裕美子）

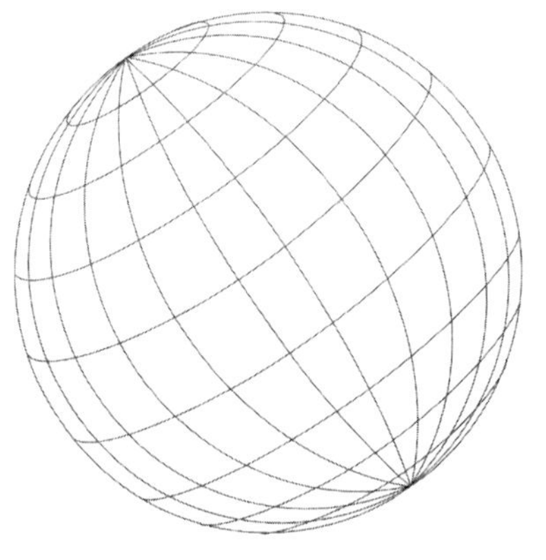

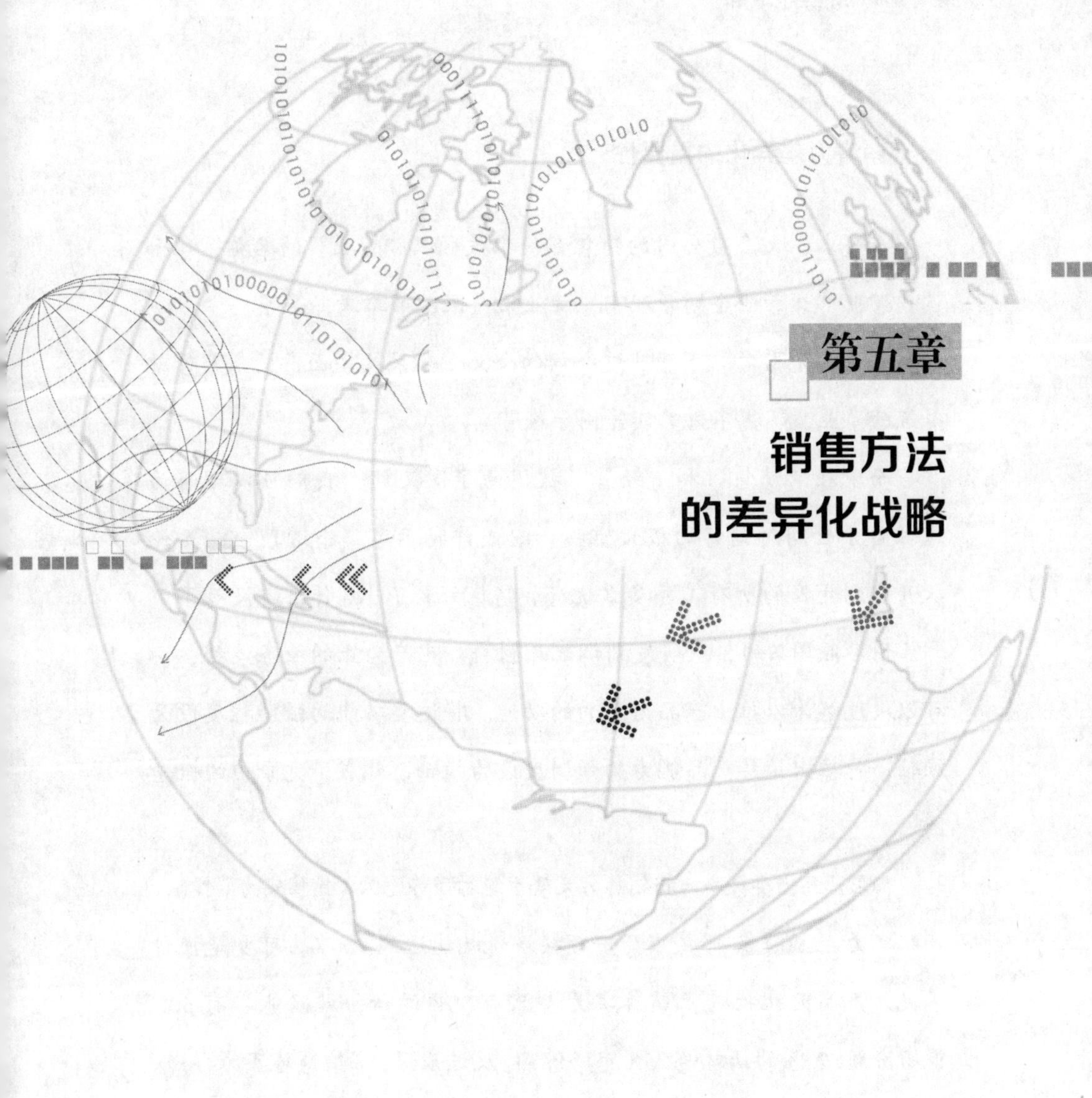

第五章

销售方法的差异化战略

销售力差异化的重要性

在日本，大多数公司的销售部门都被冠以“营业”的名称，比如国内营业部，营业企划管理室，营业第一课、第二课，等等。

不过请先思考一下营业这个词的含义。如果按字面意义来解释就是经营事业，不得不说其实等同于经营。

而现在“销售”和“经营”被视为了同义词，我们可以理解为这源自于世间对销售的极大重视。它或许暗示了一个道理——无论从开发到生产的所有工序多么优秀，销售力弱了，就什么都没有了。

请参照图 5-1，从研发到调配原材料、生产为止的业务流程，都可以被理解为以推出产品为目的的功能。将这些功能的强弱程度设为纵轴，将推出销售产品能力的强弱度设为横轴，就成了竞争力的概念图。

如果产品出类拔萃，而销售力又处于绝对强势地位（销售实力 =100，产品实力 =100），那么市场份额按理说就能达到 100%。可要是换种情况，产品无比优秀，销售实力却只有 50% 的话，就只能占有 50% 市场份额，25% 的话就是 25% 市场份额。反过来说，哪怕销售实力再强，如果没有能力推出商品，那么销售额也只能为零。销售的强弱和将产品送入市场的业务流程强弱，只要像这样用乘法就能算出市场份额。

将产品推出市场的商务体系的强弱度
100
75
50
25
0
25
50
75
100
（SOM）100%
（SOM）75%
（SOM）50%
（SOM）25%
销售力的强弱度
策略
研发
生产
×
销售力
＝市场占有率（SOM）

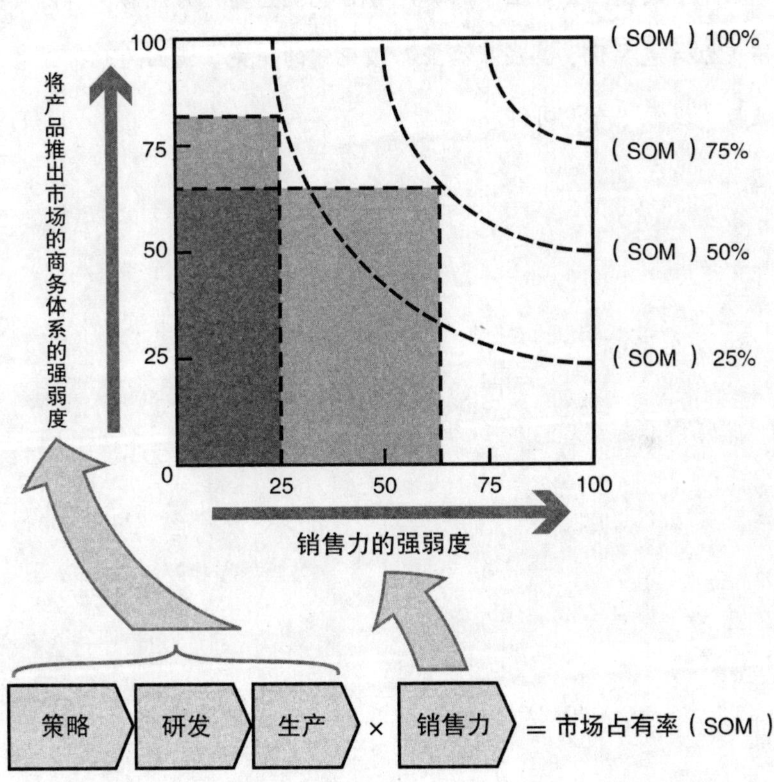

图 5-1 销售力的重要性

于是，一旦催生产品的能力和销售产品的能力中有一项处于绝对劣势，企业整体的竞争力就会处于绝对的弱势。由此可以看出，企业必须针对这两方面努力维持有效的差异化。也就是说，如果在销售竞争上吃了败仗，公司上下的其他努力也就全部化为泡影，所以“强化销售力＝差异化”就成了企业必须死守的一关。正因为此，销售才会被与“经营”一视同仁。

一、销售差异化的意义

有三种情况需要差异化

通过上述说明，我想各位已经明白了为什么强化销售力即差异化非常重要。那么本节要思考的问题是，在什么样的情况下需要差异化，或者差异化才能有效。一般认为大致分成三种情况。

第一种，产品的特性决定产品本身难以做到差异化，或者产品进行了差异化却还是会被其他公司轻易模仿。在这种情况下，就需提升销售实力，从销售方面持续有效地完成差异化。

第二种，为应对环境——渠道或用户——的变化，差异化的有无会对企业竞争力产生巨大影响。

第三种是站在弱者的角度，当名列前茅的企业占有极高市场份额，或拥有无比强大的渠道支配能力，为了战胜强悍的对手不得不以不同形态的差异化相抗争。

（1）产品本身难以差异化的情况

日本有两大甜甜圈连锁店——美仕唐纳滋和唐恩都乐甜甜圈连锁店，它们从 1971 年左右开始发展，但从此后的推移可以发现，美仕唐纳滋的销售额和店铺数量都在激增，同样在 1971 年加入市场的唐恩都乐相较之下却持续低迷（图 5-2）。

如果商品差距悬殊，那么或许还能说这种情况是商品的差异化导致的结果。可在两家连锁店的大本营美国，唐恩都乐所占的市场份额是美仕唐纳滋的两倍。也就是说，可以推定这不是商品的差距导致的。要说是背后的资本实力造成的也似乎不像。就结论而言，可以看出甜甜圈这种商品本身很难做到明显差异化的情况，销售实力的差距直接造成了业绩的差距。

下面再用某消费品的例子来说明，即使商品的差异化能暂时发挥效果，最终带来决定性影响的依然是长期的销售实力差距。

包括啤酒在内的大众消费品，一般都是冠军业绩遥遥领先，第二名往下则持续激烈交锋的情况。而例子中的某消费品的行业也是一样，第二第三一边追逐着高高在上的第一名，一边持续着火热的竞争。如图所示，5 年前 A 公司占六成，B 公司占三成，C 公司占一成，拉开了很明显的大中小差距（图 5-3）。

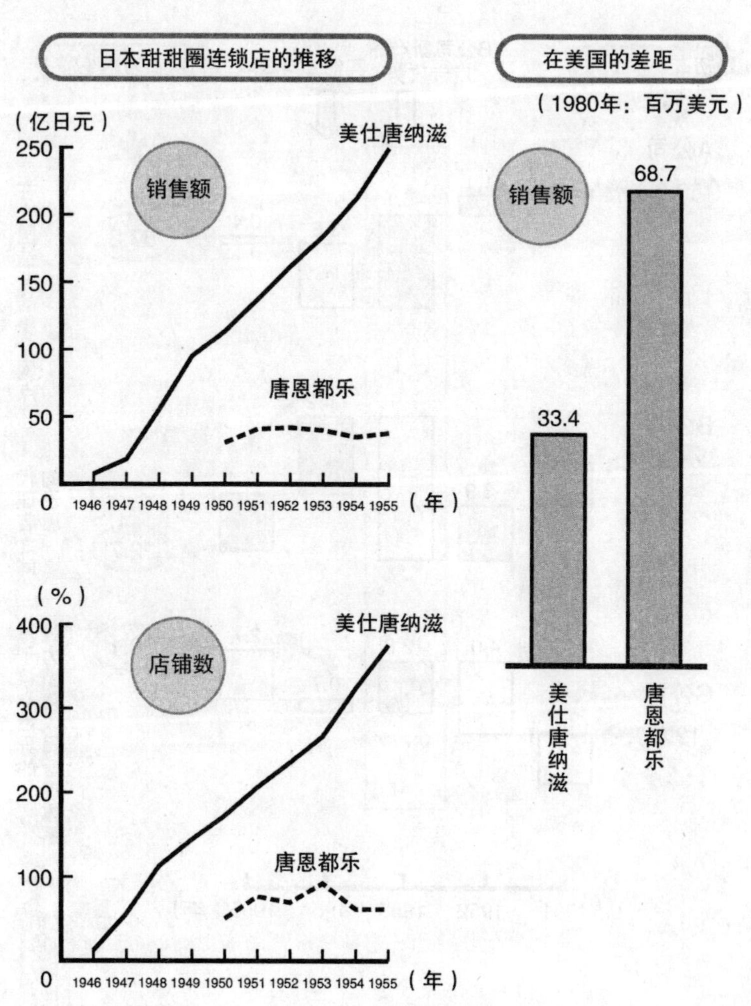

图 5-2 美仕唐纳滋和唐恩都乐

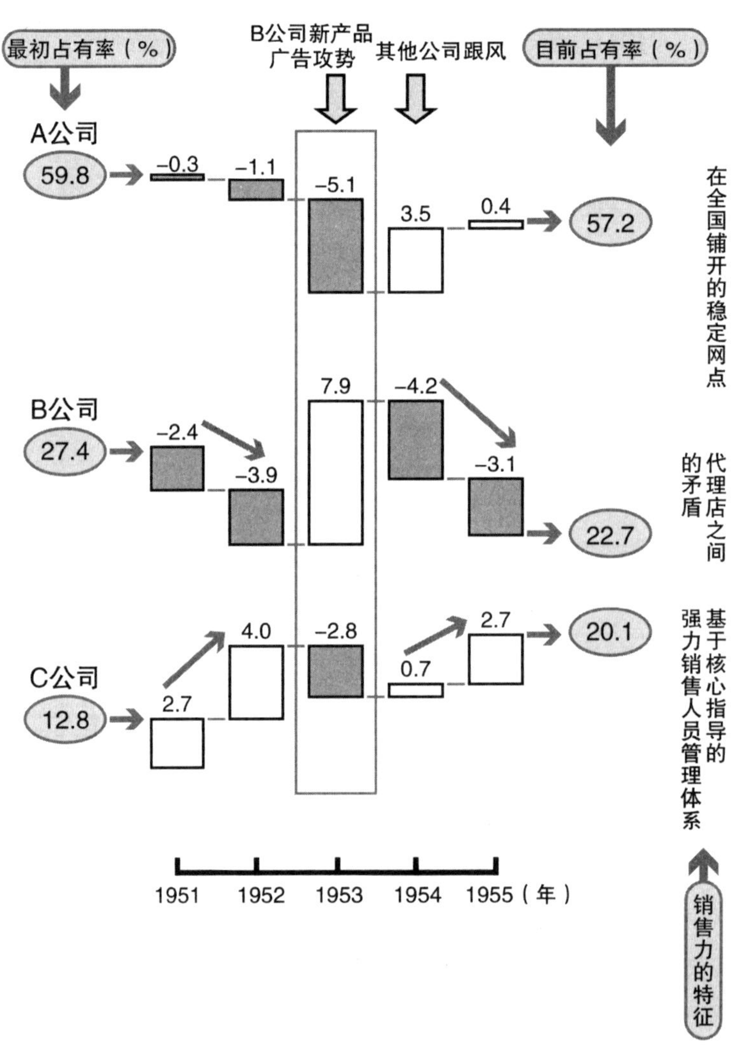

图 5–3　某消费品市场占有率的推移

然而再看目前的占有率，A 公司稍有下降但与最初几乎持平；C 公司急剧增长；B 公司可谓按兵不动。

在过去 5 年内，业界最为人津津乐道的话题，便是 B 公司在 1978 年推出的新产品。由于当时广告攻势和新产品战略结合得恰到好处，往同一处发力，B 公司的市场占有率在一年内增长了近 8%。然而这种效应仅仅维持了两年左右，B 公司便失去了这难能可贵的占有率。

仔细分析这个案例可以发现，B 公司在除去 1978 年前后这段时期，市场占有率一直处于下降态势，C 公司却保持着缓慢而稳定的增长。分析结果表明，这种差距基本上是销售力造成的。

以销售见长的 A 公司在全国拥有非常稳定的网点，所以 A 公司凭借这些网点挽回了 1978 年失去的大部分非占有率。C 公司实行的是以核心指导为基准的强力销售管理体系，这样的训练管理非常奏效，所以 1978 年失去的占有率也不多，此后占有率也在切实地增长。再看 B 公司，由于代理店之间存在矛盾，销售力逐渐变弱，所以尽管暂时实现了商品的差异化，却没能保住这份成绩。

综上所述，商品难以差异化的场合不必多说，即使暂时做到了差异化，即使无法阻止其他公司的跟风，销售力差距照样能决定市场占有率。

（2）需要顺应环境变化进行差异化的例子

为了维持企业的生存，顺应环境就变得必不可少。本项将解说与顺应环境变化进行差异化相关联的三种情况，分别一是当流通渠道发生变化时、二是当用户市场的结构本身发生变化时、三是当同一批用户的需求发生变化时。

①当流通渠道发生变化时

从20世纪60年代后半时期开始，连锁超市的发展便尤为引人注目。当销售渠道像这样发生变化时，厂商不同的应对可能极大地影响之后的销售力。即使在近期，类似相机、眼镜等折扣店大量出现的例子也并不少见。

对于厂商来说，应对这样的新渠道并不轻松。应对方法视商品属性、厂商地位、行业结构等因素的不同而不同。不过，站在强者立场打压新渠道成长，与站在弱者立场积极应用新渠道，二者的应对策略是截然相反的。甚至有企业同时执行商品政策和渠道政策，专为新渠道推出新商品或干脆推出新品牌（第二品牌）。

②当用户、市场本身发生变化时

用户结构、市场构成的变化，最典型的情况是伴随着商品生命周期出现的，并且其中大多数与新商品开发并行。复印机就是一个很好的例子。

新机械、新概念商品首次出现在市场上时，不可能所有企业都会在第一时间使用它。这些新商品经常价格高昂，且多为高端产品。然而一旦到达某个普及点以后，普及率急剧增加，人们便开始争相使用。

除高端机型以外的普及机型一般会在这时开始导入市场。

导入普及机型时用户结构几乎由大规模事业单位组成，小规模的极少。而当普及机型面世，小规模企业蜂拥而至，销售额暂且不论，首先用户数量就迅速增长。如果这个时期进行差异化，效果不言自明。

在普及初期，效率最高的组织是地区性单一销售组织。因为这与客户的形态几乎一致，能做到有的放矢。而当普及机型登场，这些地区性组织大多就未必能充分发挥效应了。说白了，如果让一个销售人员同时销售大型机和小型机，或者说高端机型和普及机型，那么他肯定会为了挣钱而拼命推销大型高端机型。这样一来，普及机型销售额的增长就达不到预期。这时若其他公司趁机插一脚进来，作为企业站在不得不死守整体市场占有率的先发立场，就会变得极其艰难。

在这种情况下要想提升小型机的销售额，就必须为小型机配备专门的销售人员，或是按用户规模、现状设置专门的销售人员。这就是一个顺应市场结构对销售实行差异化的例子。

③当同一批用户的需求发生变化时

近来唱片的销售额遭遇迎头痛击，而音乐磁带的销量却节节攀升（图 5-4）。听音乐的需求本身并没有变化，但其表现形态却在发生巨大变化。

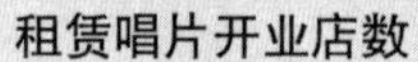

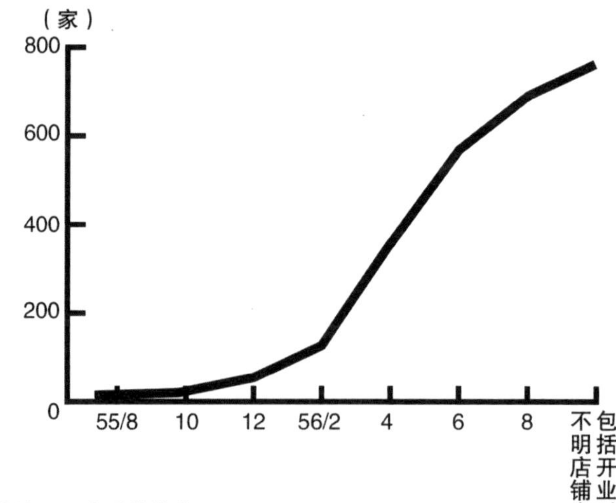

资料来源：日本唱片协会

图 5–4

例如，有一个手头不宽裕却酷爱音乐的年轻人，依靠购买音响器材加上唱片来欣赏喜欢的音乐。然而最近磁带和录音机得以普及，于是磁带逐渐取代了唱片的地位。如此一来，购买唱片收藏的热情就会越来越淡，而这种热情转移到音乐磁带上，“买来用”的需求反而越来越大。

有一个现象就恰好顺应了这种需求，那就是最近新出的唱片租赁店。据说在过去一年中新开的唱片租赁店多达700家。这种现象的背后，是磁带普及这一科技带来的变化。

以上我阐述了用户需求的环境变化与销售体制之间的关系。能在第一时间捕捉到这样的市场环境变化并做出应对的企业，便能在差异化上获得成功。

（3）以弱者立场需要差异化的场合

还有一个例子能说明销售中的差异化将起到决定性作用。当较弱的企业与上位者差距显著，如果采取与上位者相同的措施，则企业只会因不利条件而不断败北。

在这类场合下，当竞争力较弱者对上强劲对手时，就会出现“为保持竞争力而必须采取差异化”的需求。这里举两个例子，一是市场占有率的不同给销售效率带来决定性影响的情况，二是渠道被人捷足先登，后来的企业无从下手的情况。

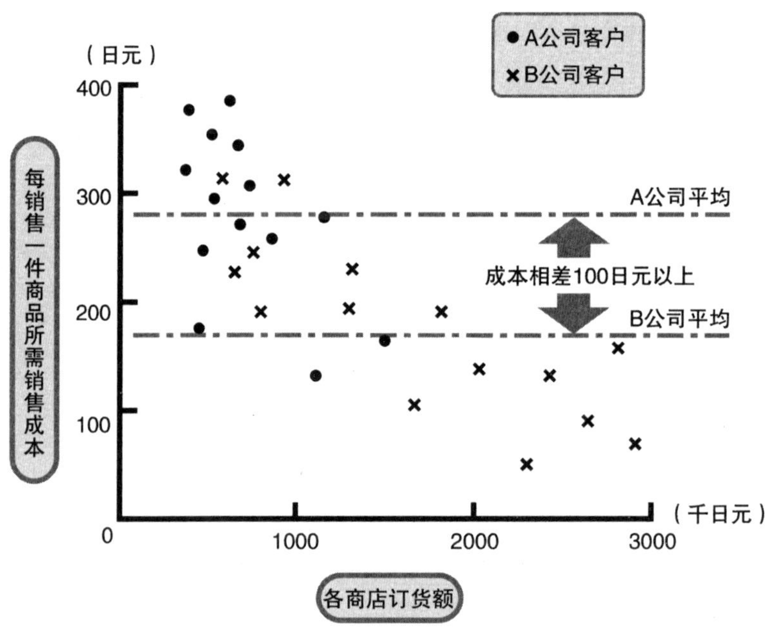

图 5-5　每家店铺销售额与销售每件商品成本的关系

说到市场占有率的差距给销售效率带来决定性影响，送报、送牛奶，肉铺配送火腿等以配送为重要成本的例子就是如此。图 5-5 显示的是 A 公司（占有率 45%）和 B 公司（占有率 15%）各自客户的订购额，以及每单位销售额所需销售成本之间的关系。纵轴的销售成本，是将推销、配送、运输、宣传等销售各类经费经过严格计算后，除以各店铺销售数量后得出的。由于回收货款、配送等用来维持管理顾客所需经费一般是固定发生的，常常与销售额高低无关，所以只要对同一地区、同一顾客采取同样的方法来计算就能看出，每单位销售额所需经费与两家企业市场占有率大致成正比。图表显示，两家公司每出售一件商品的成本差距超过了 100 日元。

假设产品价格在 1000 日元左右，100 日元的销售成本可谓决定性的差距，想要获得市场占有率，A 公司无法选择降价作为手段。如果打价格战，毫无疑问获胜的将是 B 公司。若 A 公司参与价格战，得到的只会是不变的市场占有率和利润的损失。在这种情况下，A 公司就不得不设法从 B 公司所在的市场转移，在用户选择、配送方法等因素上动脑筋。

第二种，以连锁店为例。图 5-6 中，纵轴为连锁店数量，横轴为市场占有率，这样图表就体现了各家电巨头厂商的销售额（占有率）和连锁店的数量。对于后发厂商而言，即使花上相同的成本、开发出相同的产品，也会因为自身连锁店数量不足导致总销量惨淡，一般情况下在大规模生产时很容易遭遇不利。

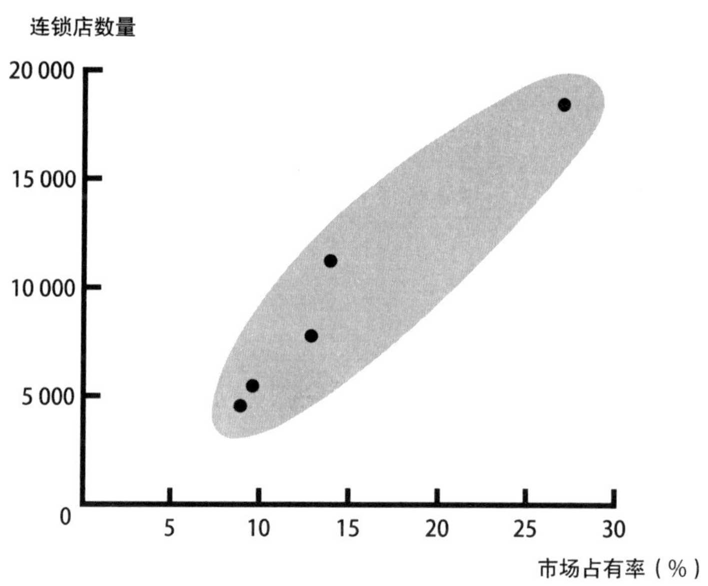

图 5-6　销售力与占有率的关系（家电产品）

在这时就不要试图正面对抗了，尽快设置两万家连锁店的做法明显不会产生效果，因为在销售量提升之前首先需要大笔资金，是一笔亏本买卖。倒不如把重点放到做量贩店或邮购等方法上，采取直接面向消费者，避开通常的依靠连锁店数量竞争更可靠。

二、差异化的困难

三种表象形态

上一节讲述了差异性的必要性，而在其背后却存在着普遍认可执行差异化很重要，却在现实中无法充分做到或者难以做到的情况。从现象来看，大致可以分为三种情况。

第一种，是知道解决问题的方法，但也仅限于知道，无从入手。

第二种，很清楚哪个部分必须做出修正，但实际上却不知道该做些什么。

第三种，不明白问题所在，或自以为弄明白了，但实际上存在误解、做不到正确的基本认知。

（1）无法执行

举两个具体的例子来说明情况，一是流通渠道的例子，另一个是大宗客户的例子。图 5-7 是某化学产品地区销售渠道的模式图，用户约为 80 家，从厂商到用户的商品流通如图所示。一是小规模店铺专用渠道，由三家组成。企业通过这条渠道将商品销售给 80 家公司中的数家。另一条是大型商店渠道，首先由批发商 A，再往下是大宗渠道 B、C、D。B、C、D 是专业流通渠道，A 属于兼任，卖出的商品占全部销售额的 30% 左右。

为了给最多 80 家常客提供商品，这样复杂的渠道并非必需，但销售渠道这东西往往能直接反映出业务坎坷曲折的发展历史，而正因为有历史性的发展过程，渠道才不可能集中在一家公司上。如果试图集中在一家公司，那么企业毫无疑问会失去市场占有率。

另一个典型的例子是大宗量贩店的应对问题。图 5-8 是某消费品的各销售商店销售情况对比图，横轴是各店的销售额，纵轴是毛利，斜线划分了 30% 毛利率。可以看出，店铺规模不同，毛利率的差距也很明显。

对于有些商店的价格稍稍高于 30% 的毛利率，也有商店的毛利率还不到 10%。非常有趣的是，面向大型量贩店供货的数量虽然大，但且不说利润率，连毛利率的绝对额度也还不及中位店铺。这家企业针对这个情况也制定了对策，但由于害怕量贩店转投其他公司，所以时至今日都迟迟不敢执行。由于量贩店过于强势，企业因为害怕失去市场占有率（量贩店转投他家）而不敢挺直腰杆理所当然地交涉价格，这样的例子并不少见。

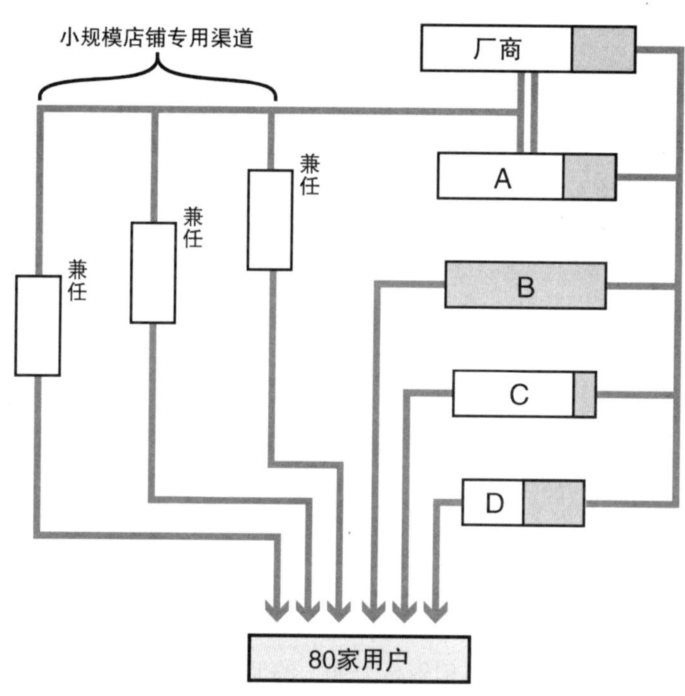

图 5-7 某化学产品的地区销售渠道模式图

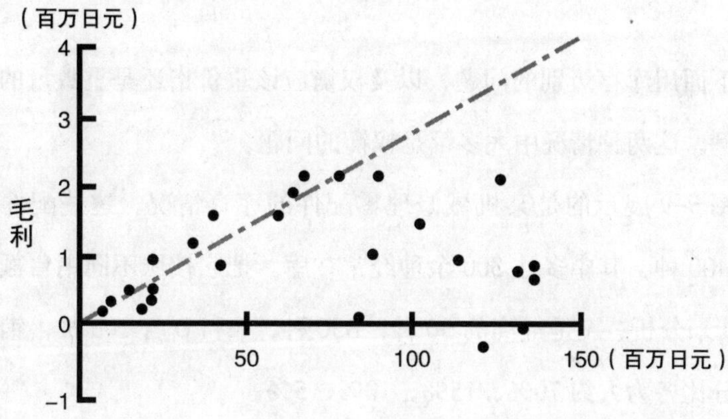

图 5–8 某消费品各商店销售额与毛利率的关系

而且在很多情况下，这样的量贩店对于厂商而言属于市场价格的不稳定因素，甚至经常会导致优良中位店价格崩盘。有不少企业尽管明白这些道理，却依然束手无策。

（2）不知道怎样解决

下面用库存级别的问题，以及权衡应该重价格还是重数量的问题来举例。这两种情况中大多都是权衡的问题。

图 5-9 展示的是某机械修理零配件的库存情况。这些配件种类多达 400 种，其中多达 300 余种经常在库。把它按照不同销售额标以 ABCD 来分析，A 是最高的 50 种，B50 种，C 和 D 各 100 种，销售额占百分比各为大约 70%、15%、10%、5%。

它们的综合平均库存率是 0.8 个月。相对 A 的库存 0.5 个月而言，B、C、D 每一件商品的销售额降低，库存率也随之变高。当然，只要有一组商品每 3 个月才能卖出去一次，那么自然库存率会变成 3 个月。在这种情况下，减少库存率关键就在于详细分析事实、正确把握事物因果关系，确定正确的库存率。

比如，缺货未必就意味着错过商机。很多企业其实并没有正确把握次品和实际错失商机的关系。事实上大多数企业在决定库存数量之前，根本没有仔细研究过“当遇到缺货时，从地区大型仓库或工厂直接调配商品需要花费多少成本、错失了商机后核算出来实际损失有多少”这一系列要素。

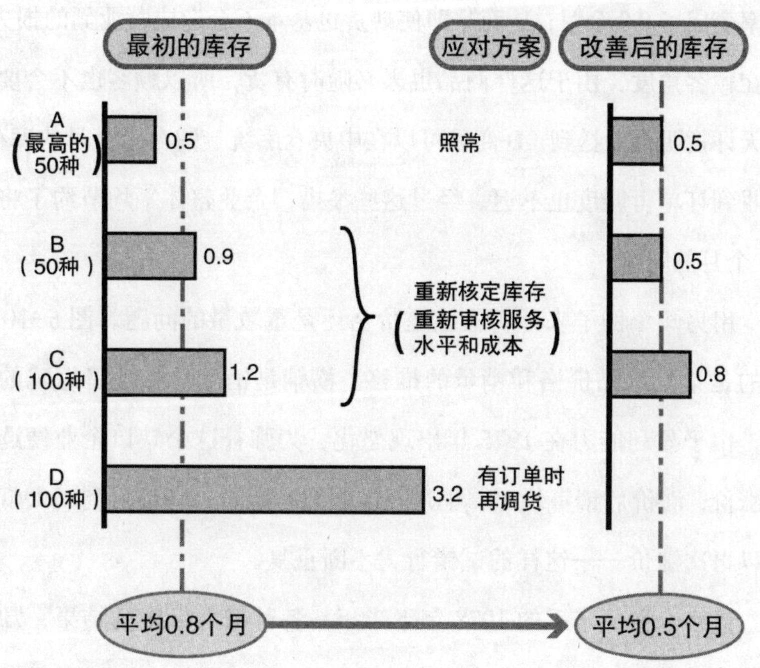

图 5-9　某机械零件的库存情况

这种场合下，最主要的目的是在不降低整体服务水平基础上尽可能降低库存。最终，A 组商品库存结果不变，其他 B、C、D 商品成功做到了大幅削减库存。B 商品在库存 0.5 个月的情况下几乎没有降低服务级别；C 商品与 B 差不多，但由于单件商品销售额较低，所以库存率变成了 0.8 个月；D 商品即使缺货也基本不会造成营业额的损失；站在顾客角度，由于这件商品也未必随时有货，所以顾客也不会要求今天订货明天就送到。D 商品可以在中央仓库统一留存一个月的库存，等收到订单再调度也不迟。经过这些举措，企业整体平均节约了将近 0.3 个月的库存。

用另一个例子来分析应该重价格还是重数量的问题。图 5-10 显示的是某农产品价格和销量的推移。横轴是销量，纵轴是每吨的价格。由于盈利能力在 1975 年出现恶化，为弥补这个缺口企业便选择了涨价；涨价后销量锐减，于是只能赶紧再降价；降价后利润太低，所以再次涨价——这样的试错行为不断重复。

最终，在 3 年后的 1978 年下半年，各种努力带来的结果，却是因价格提升和销量降低造成的大量损失。

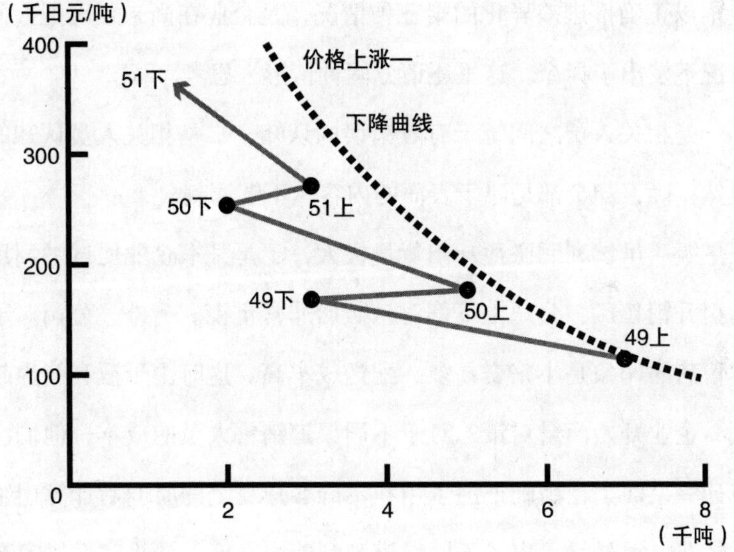

图 5-10　某产品价格和销售量的推移

在这个案例中，企业应当从过去的经验、其他公司的动向、类似商品的例子里，尽量正确地把握住产品价格和数量价格弹性区间，再在此基础上制定恰当的价格。

（3）指令错误

难以正确推进差异化的第三种情况，是企业在尚未正确把握问题的情况下发出了指令。这里还请分两种情形来思考。

一是相关人员之间统一有着错误的认知，二是相关人员认知的事实虽然正确，却全都是浮于表面的内容，不够深刻。

量贩店虽然利润微薄却出货量极大，于是某家企业便试图利用量贩店提升销售额，公司上下都对量贩店非常重视。另外，公司对于专业零售店的印象是小宗交易多、配送成本高。这时由于盈利能力越来越低，企业开始商量对策。对于不同渠道销售人员的成本，他们没有笼统计算，而是在精确把握了用在不同客户身上的时间后计算出销售人员经费，才最终得出了不同渠道盈利能力数值。计算完后这家企业发现专业零售店有利润，而量贩店减去折扣后利润变成了负数，公司等于在赔本赚吆喝。从代理店的立场来看，虽说有若干利润，但计算厂商折扣后的总数还是亏损。像这样明明出了问题却不知道问题出在哪里，照样一个劲地往亏钱的销售渠道投入资源的企业并不在少数。

接着来看企业对于事实认知尽管大致没错，却因为不够深刻导致问题产生的情况。就用销售人员的拜访次数和销售额之间的关系来探讨一下。

某企业为提升利润制定了促销计划，由于高层发现优秀的销售人员每天拜访客户的次数很多，所以计划的目标被设定成了强化拜访客户。最终，优秀销售人员的行动模式没有发生变化，而业绩不佳的销售人员拜访次数倒是增加了，销售额却略有降低。

要想明白为什么会发生这种问题，可以看看图 5-11，这是优秀销售员和业绩不佳的销售员行动模式对比图。将每个销售员的拜访次数和对应用户的销售额标记后可以发现，优秀销售员会根据销售额和店铺规模自主管理拜访次数，而业绩不佳的销售员，其每家店的拜访次数和销售额完全没有关联。

后者的典型问题在于他们并非有针对性地拜访销售额高的店铺，而是爱往自己喜欢的店铺跑。既然公司强调拜访次数，那么他们当然更愿意去和自己关系好的店。

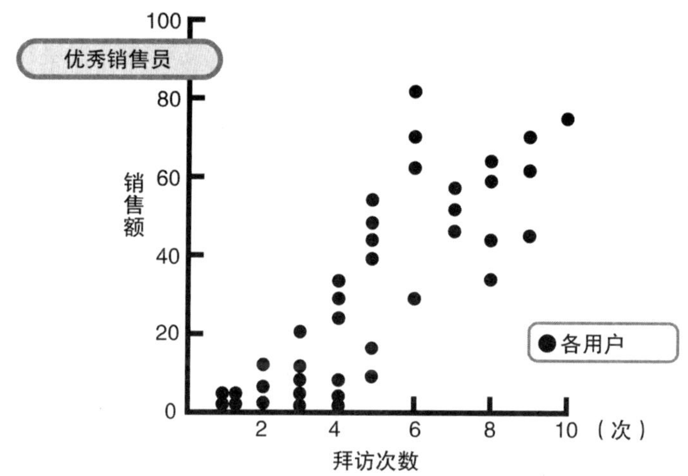

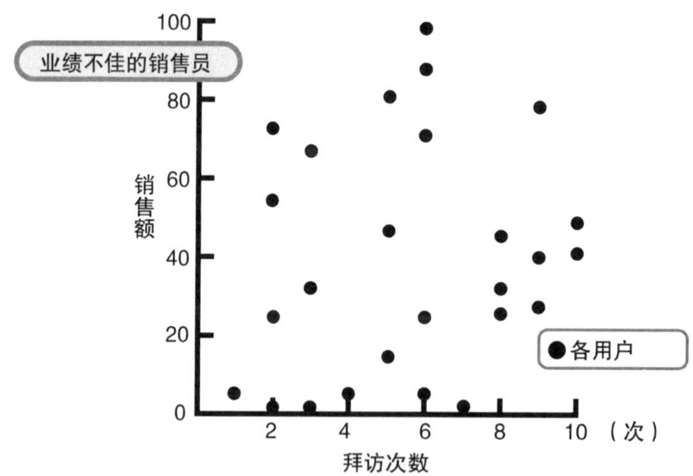

图 5-11　拜访次数和销售额的关系

三、通往差异化的道路

四个阻碍因素

在上一节中，我尝试了用三个表象形态来分析差异化努力难以得到成果的情况。然而仅仅针对表象做出对策可谓治标不治本，类似情况必然会在其他领域重演。事物背后必然存在原因，所以要想真正解决问题的话就不能只看表象，还必须深入背后的问题，寻求根本的解决方法。

本节将分四部分来讨论表象形态背后的妨碍差异化的要素，并按照要素的不同领域探寻通往差异化的钥匙。它们分别是：（1）高层管理的问题；（2）销售人员和销售组织的问题；（3）销售渠道的问题；（4）竞争对手的问题。这四个问题中，前两个属于厂商自身的问题，基本上存在于管理体系和组织架构中。第三个销售渠道问题，指的是为了将企业自身与用户联通，该以怎样的思路和手法高效组建己方阵营。最后一个竞争对手的问题，可以理解成应该用怎样的方法去回避对手跟风，或是使对手难以跟风。

（1）高层管理的问题

用反论来分析的话，个人认为差异化道路上的第一道障碍就是高层管理。也就是说，是销售部门领导以往的经验本身阻碍了差异化。“我做过、我知道”带来的自信起了反作用，元老级别、经验丰富的销售部门领导习惯在现有的框架下思考问题。尤其是遇到成果不佳的问题时，领导往往首先会归咎于部下们不够努力，而不是自己的方法论存在错误。这种情况经常发生在对于应对环境变化、重新审视在竞争中获得胜利的方法论的必要性理解不够充分的情况下。

第二道障碍存在于已有的顾客关系和人际关系中。优秀的销售人员懂得珍惜与顾客的关系和人际关系，这是销售成功的必要条件。但它也会起反作用，让人认为关系亲密的人给的消息非常重要，从而出现依赖于特定情报源的倾向。又或者，即使明白问题在哪里，但碍于过去的人际关系和人情世故，人难以采取有效的执行措施。

第三道障碍，越是销售经验丰富的人，对于未知的手段和方法就越没有自信，也就是说，由于他们总能很快找出“做不到”的理由，所以对于新战略容易表现出畏惧。所以，即使想出了新方法，公司上下也一致通过，可一旦到了执行环节，还是会发生“担心影响对方固有权益导致无法执行”的情况。于是最终新方案无从落实。对于未知方法和手段的不自信，源自于销售失败的风险过大。

我在前文中提到过，“销售”乘以“为把产品推向市场付出的努力”，才能决定企业的市场地位，失败后造成的影响甚至能抹杀企业所做的全部努力。所以销售人员才害怕失败，不敢承担风险。

上述例子在高层经验尚浅、从其他领域调来的情况下也是一样，这时原因就是经验的欠缺。也就是说，一个销售领域的初学者，很容易对知识和经验丰富的销售老手产生依赖。

要想解决这类高层管理的问题，就需要把辅佐高层的正确判断、构筑企划管理体系视为重中之重。这时有两个重点，一是配备重视具体性的信息系统，二是配备得力的企划和管理人员。

①重视具体性的信息系统

首先是配备重视具体性的信息系统，为此第一需要做到的是缩短信息渠道。图 5-12 是某典型销售组织的信息渠道，有总部，全国设有 4 家分部，在各家分部下还设有数个分店，分店下面还分为几个代理店，这些代理店面向全国 8000 个销售据点（营业店）销售商品，最后才能到达用户手中。也就是说，用户的信息要想传达至本部，则必须经历五个阶段。

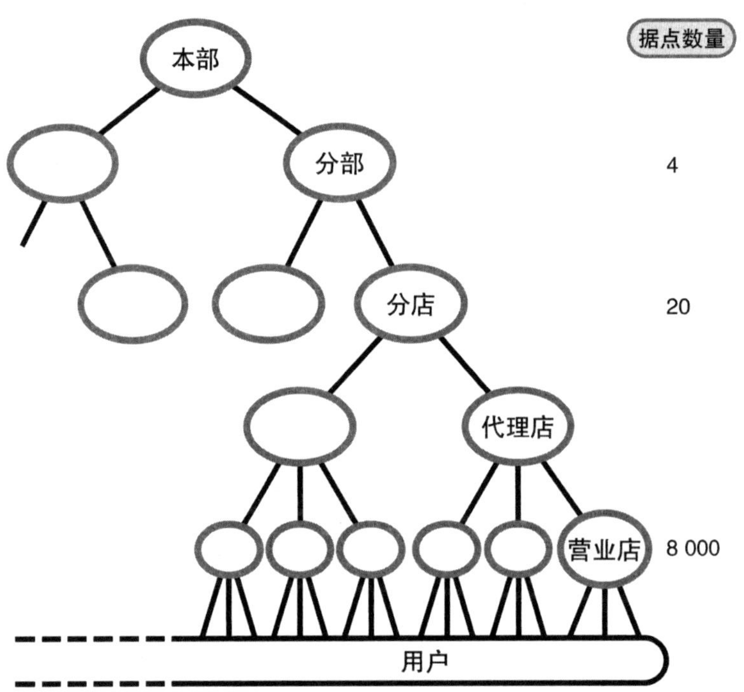

图 5-12　某销售组织的信息渠道

每一条具体的信息经过漫长行程的扫描，到达总部的企划部门时，就已经成了非常抽象且统一的信息，也就是说情报被笼统化了。企业无法凭借这些信息获知业务的具体情况。执行各种措施的基础必须是具体信息，但在这样的组织里，是很难在真正意义上搜集到具体信息的。这就是为什么我说缩短信息渠道尤为重要。

作为信息渠道问题的一环，我想强调管理会计体系的强化和排除模糊暧昧。企业必须清楚掌握哪个产品在哪个渠道或者哪个市场盈利、销量的好坏等等。事实上即使是非常正规的大企业，能做到正确把握这些数据、拥有完善管理会计制度的例子也并不多。如果能做到认真对待，怕是光这一项就会极大改变企业的战略。

②配备企划员工

第二点，强化企划管理能力，重点在于保持信息畅通的同时培养拥有奇思妙想的优秀员工。要想超越决策者容易先入为主的思路，培育出新的创意，需要的是一支能力不俗的优秀团队。而要让这支团队充分发挥本领，就需要在帮助做出判断的分析手法和方法上多下功夫。例如怎样从泛滥的情报中正确判断出哪些重要、哪些不重要，这是员工们需要掌握的技能。有的时候一些消息在定性问题上非常重要，但在定量问题上就无关紧要了，这里用某个消费品的缺货问题来举例说明。

对于销售人员而言，最痛恨的就是因为缺货而错失生意。某家企业，由于销售相关人员纷纷提出由于缺货导致错失了大约一成的销售额，所以某商品的增产问题就被提到了讨论日程。为此，这家公司的员工团队对于错失的生意展开了调查。

调查结果如下：交易中出现无库存的情况占 6.8%，而这 6.8% 中，其实有将近六成采用了次日配送或更换为类似商品的方式来处理。

所以从实际数据上来看，真正因缺货而未能成交的生意仅为缺货数量的 14%。也就是说，站在全部交易的比例来看，真正错过的销售额仅为不到 1%。然而这些信息传到决策者耳中，却成了“这部分缺货的生意全都错过了”，并且缺货比例不是 6.8%，而是 10%。如果因为错误的情报而改变生产计划（为此还需对设备做调整），当库存充足时想必会造成极大负担。

从上述例子就能明白，核心人员所提出的，必须是扎根于基础事实且简明易懂的执行计划。大多数核心人员制作的企划之所以很难具有实效性，原因在于企划本身非常抽象，并没有明确的执行方法。比如光一句提升 10% 销量，却不商讨具体方法，自然无从执行。

所以说，最有效的方法是企划者必须拥有一支与一线员工密切接触的直接指导和管理团队。信息渠道过长的解决方法之前已经提过，就是设立直属核心人员的沟通机制，也就是令直属核心的指导管理团队在第一线与顾客密切接触，讨论、评估、执行具体方案。

核心管理者存在的一大好处在于，全国各种失败成功案例都会被集结起来，搭建起一个能让人共享和应用各种案例的反馈体系。而这能使核心的企划和指令变得更具体，让差异化变得更加有实际效果。

（2）销售人员和销售组织的问题

在销售人员和销售组织的问题中，存在一些在工厂、研究所等其他部门罕见的特殊问题，尤其是管理上的难题。

首先，中央的命令和意图难以在销售人员的组织中贯彻。原因在于销售组织是地域性分散组织的集合体，每个组织负责的地区市场都有着各自不同的内情，在很多情况下来自核心的统一指令难以渗透。所以核心的指令要贯彻全国是非常困难的。

其次，与其他重视经验的部门相比，销售部门的目标和价值观很难统一。例如在工厂可以用零缺陷、零事故等比较简洁的标语来统一全员目标，但对于销售人员就得在激发员工积极性上下功夫了。这其实与销售活动本身的自由度有关。工厂的基本工作模式是大家待在一个地方，彼此之间的劳作互相都能看见，所以能通过团队的共同作业来进行人员管理，监管也很轻松。可销售人员大多单独行动，并且都是以各自的性格加上不同的工作方式来完成任务的，所以对于销售人员的行动管理难度很高。

最后，就像在高层管理的例子中所说的那样，当销售策略失败时往往难以补救。一旦失去了市场和人脉，恢复起来是很困难的。所以当遇到这种情况，想改革时就必须做到慎之又慎，权宜之计是最应当避免的。假如企业遭遇了失败，而管理层为挽回失败商定并执行了对策，执行过程中就不要多做修改，因为朝令夕改只会让现场负责人对管理层产生怀疑。各销售分支团队齐声抗议决策层的例子屡见不鲜。

要想解决这个问题，就得将重心放在执行上来构造体系，使得核心企划团队的意图能够被一线员工正确认知、执行和反馈。具体方法共三条：①设置培训流程；②设法激发积极性；③强化辅助体系；下面来详细解释。

①设置培训流程

要想正确执行来自上级的企划和指令，作为接受者的销售人员必须具体理解执行细节。如果上级要求销售人员的执行及销售能力高于平均水准，那就不能光靠个人的天分，因为那是不够的。这时需要做一定的培训。

只有配备一套基于具体事例且容易实施的指南，并且设计出合理有序的课程，才能让培训真正产生效果。譬如只有一句指令“正确管理售价以提升利润”的话，想必大多数情况下员工们都只会茫然不知所措。核心管理者必须明确理解一线情况，制作一套足够简明易懂、可以阐述清楚具体方法的指南。

如图 5-13 所示，以横轴销售额和纵轴利润率定位了主要顾客。这张图就能用于下达具体的执行指令，例如 A 营业所为什么和 B 营业所之间存在总利润率 3% 的差距、B 营业所应当在哪里做改善，等等。A 营业所的所长态度强硬，一般没有特殊理由，利润率在 10% 以下的（就算还没拿下的客户）坚决不卖。B 营业所所长在这方面比较松散，一般靠临场应对。尽管双方都非常努力，但最终还是出现了 3% 的利润差。给销售人员的指令就应该像这样给出具体的方法，比如告诉他们“请思考一下某店和某店的价格应该上涨多少”。

而在基于这类明确指导的培训实施过程中，反馈具体的成功失败经验以改善指导方法和在全国分享经验，也是非常重要的。

②设法激发积极性

有两个标准方法，一是令销售人员能够轻松积累成功经验。有时人会陷入迷茫和低谷，但因为一个小小的成功一切都好了起来，这是生活中经常发生的事情。成功的经验是能激励人的积极性的。

另一个方法就是建立所谓的奖励机制。这个机制的建立必须正确，否则得不到理想的奖励效果。就像之前那个拜访次数的例子一样，单纯增加拜访次数是不够的。奖励必须与具体的行动模式和成果挂钩。

③强化辅助体系

大多数销售人员普遍非常忙碌，而从性格来说也都不适应坐办公室，不擅长有条理地管理事务。所以就制度而言最好能尽量摒除销售人员不需要的东西，让他们专心做销售。

比如以一定的方式，利用内勤辅助或电脑系统来下达每周的拜访任务、掌握各店业绩等，这样销售人员的行动应该会更趋合理。

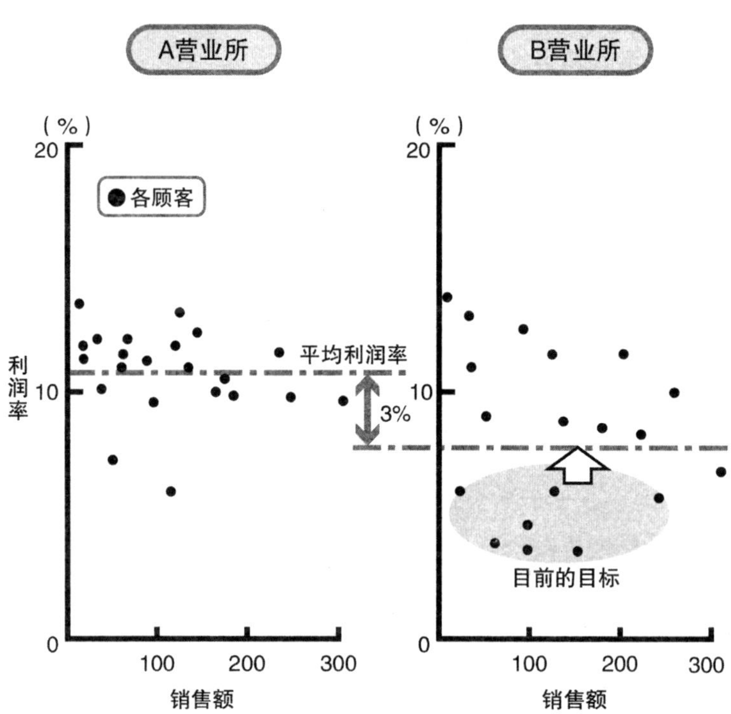

图 5-13 各营业所之间毛利的比较差距

（3）销售渠道的问题

代理店、销售店等销售渠道问题（直销另当别论）的根源在于他们的销售人员是外部人员。代理店、销售店是协助者，是来自外部的战友，所以企业无权直接指挥，容易出现各种问题。比如，全资子公司同时也是独立的运营体，它的员工都是遵循公司那一套组织管理规则活动的，这一点必须铭记于心。

其次，渠道虽为协助者，但同时还包含了与之矛盾的利害关系。只要厂商和代理店还在为市场价格和生产价格之间的利润明争暗斗，利益就不可能完全一致。况且这些代理店大多不止代理一家商品而是多家商品。这样一来，就无法期待他们只在自家的产品上发力了。

并且经过长时间的合作，与这些合作者间的关系会出现倾斜，对方很容易成为控制者和既得利益者。无论代理店也好，销售店也罢，一旦成了既得利益者，企业要想改变这种关系往往会非常困难，因为且不论道义，首先对方反水的风险就很大。而且这种影响大多不会止步于代理店、销售店，与其他类似合作者的信赖关系也很容易出现裂痕。

要想解决这些代理店的问题，就要回归根本，抛开个别事由，设法使架设在企业与用户之间的所有体系变得最为高效。对此我想讲三点，分别是：①以用户利益为最大出发点；②体系必须合理且符合产品特性；③扎根于相关人员的长期利益。

下面来具体说明。

①将用户的利益视为最高

所谓企业间的销售竞争力，说到底还得靠每位用户来决定选择自己还是选择其他企业。所以做判断时，必须以中间过程出现的矛盾最终能给用户带来何种利益为基准。

图 5-14 是普通零售店与折扣店一套成衣西装的成本结构对比。普通零售店价格 5 万日元，其中一半属于批发商、零售店需要承担风险赚取的流通环节利润。布匹和加工成本不过 2.2 万日元。折扣店大幅削减了流通环节的利润，才能以不到 3 万日元的价格出售。

这时用户就需要选择，究竟是去家附近的零售店，购买包含了流通费用、走过了漫长销售渠道的商品，还是亲自前往批发中心，购买不包含流通费用的商品。毕竟这只是成衣而非高级定制，就算有人放弃送到面前的服务，选择花费时间和精力，前往堆积如山的商品中挑选便宜货，也是很正常的事。正因为选择了符合用户需求的做法，成衣折扣店才能生意兴隆。

所以说无论在什么情况下，都必须以用户利益为最大出发点。

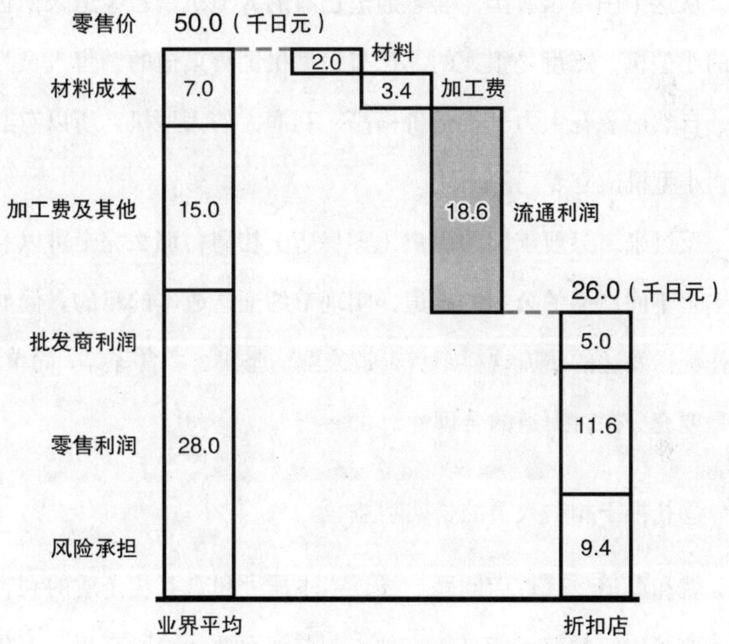

图 5-14　一套成品西服的成本结构对比

②体系必须合理且符合产品特性

图 5-15 是某大型运输机械和小型运输机械销售额的对比。横轴是将大型机用户按销售额数据进行排列，纵轴表示累计销售额；虚线是同种情况下小型机的累计销售额。

从这个图可以看出，要想通过已有的大型机销售渠道来销售新开发的小型机，难度是很大的。已有大型机销售渠道的销售人员为了赚钱，自然愿意花大力气推销价格高、利润大的大型机。所以有必要为销售小型机成立专门的团队。

反过来，只要末端的用户（零售店）相同，那么完全可以利用其他销售不同产品的公司的渠道，实现节约配送成本的目的。例如可以委托配送发达的清凉饮料销售渠道来配送坚果、零食等等。简单地说，就是要充分探讨渠道的合理性。

③扎根于相关人员的长期利益

就和渠道 · 代理店问题一样，当本质上包含互相矛盾的利害关系时，变革的目的就不能是一方独占利益，而要让给所有相关人员能够长期享受丰厚的利益。至少对于企业自身希望一直合作的合作方，还需要长远考量，采取让对方有获利余地的方式来解决问题。

无论什么事都一样，一旦出现大型变革，大多会发生短期摩擦。这时必须下决心克服困难，而且要坚信自己一定能克服。而这种信念的依据，必须在于确信“对所有相关人员而言这是最好的方法”。

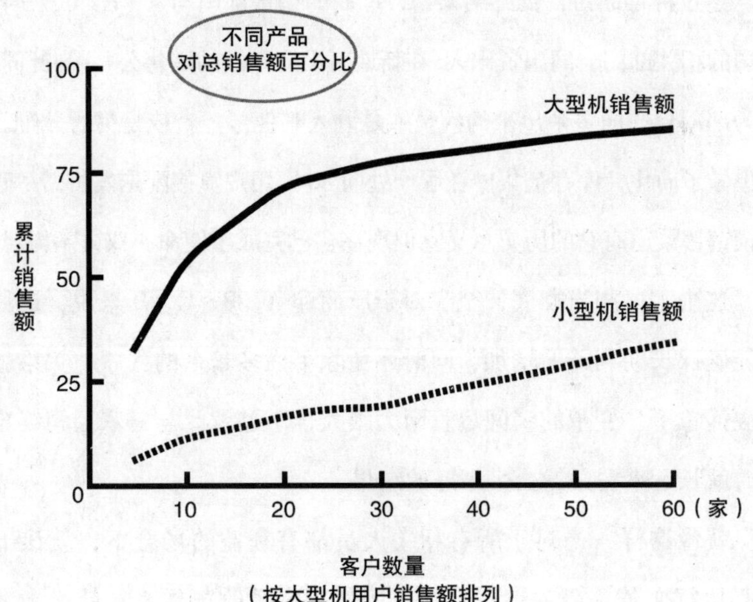

图 5-15　客户累计销售额

以第一节提到的化学企业地区销售渠道为例，如果维持现有的渠道形态，那么很明显企业会因为成本负担过大难以维持销售量，最终在竞争中败北。要解决这个问题，就得把目前的商流、历史因缘全部抛开，把相关人员大团结作为前提。

经过种种商讨，最终结果是，厂商的销售部门与 A、B、C、D 各家公司的相关部门一同出资出人，在新地区设立专门的销售公司。与此同时，因为部门合并而多余出来的人员或是调入其他部门，或是另行分配。物流也做了简化，库存被集中在了一处向 80 家用户直接配送发货。尽管小规模销售渠道有它的历史意义，但现在它已完成了使命，双方不再合作。

这个手段相当彻底，至少对于厂商和 A、B、C、D 来说，这种做法能确保长期利益的增加，同时还免除了诸多繁杂的程序，关系也变得更简单了。变革的瞬间尽管阻力很大，不过就此与三家公司终止合作，就长远来看必然会带来好的结果。

就像这样，当对于所有相关人员都有利益的场合下，就该下定决心执行变革。最关键一点在于既然决定了改革体系，就必须大刀阔斧地执行，要成功就不能姑息。下决心主动积极地进行干预，才能推进最终差异化的成功。这时需要的是大胆描绘出理想蓝图、不实现最终目标决不妥协，愿意花时间，耐下心来一步步踏实地执行。

（4）竞争对手的问题

在竞争状态的前提下执行“差异化”时最常见的问题，是差异化是否能够持续。一般情况下销售活动与工厂或研究室工作不同，原本就属于对外开放的组织，所以需要考虑到各种改革都是外部可见的。因其他公司的模仿，导致差异化难以维持的情况并不罕见。既然销售方法这东西没有专利，那么执行新方案后被对手发现也只是时间问题。

因此，要小聪明只会招致其他公司的模仿，而且很难阻止。假设公司决定降价，降价的瞬间或许能多少提升销售额，但对手也会随之降价，最终双方陷入价格战的泥潭；又或者公司打出新企划广告，对手必然会第一时间制定对策。所以此类要小聪明的差异化很难被称为真正意义上的差异化。

关于其他公司模仿的问题，请分以下两点来思考，下面来详细分析。

①重点着眼于“执行”

所谓销售的差异化，我已经重复过无数遍了，这件事说着容易做起来难。所以把着眼点放在“执行”上，也是一种针对其他公司的模仿强调差异化的方法。

一旦有了点子，就应该多花心思将它仔细雕琢成具体的执行方案，而不是以不够完整的形式去执行它。例如制作一份详细教程，阐明对销售人员的培训和拜访时的注意事项，以及设置激励机制等等，从不同角度做好所有可能的准备，完成后再设法在全国一起推行。等其他公司察觉到这个动向，即使要制作同样的教程、设置新的激励机制、开始培训，也得花上两三年时间。从这层意义上来说，只要把重点放在执行上，差异化就成功了。

②统一运用综合系统

销售活动是一种极其复杂的流程，为实现一个目的，可采取的手段数量和自由度非常之大。

来思考一下，销售活动建立在什么基础上？我们认为首先从机能上来看，第一是物流，物品和服务的流动；第二是商流，合同与资金的流动；第三是从厂商到用户以及从用户到厂商的双向信息流动。

其次站在销售活动的商业环节的角度，首当其冲的是整体企划管理等计划性流程；第二是之下的销售团队（sales force），再往下是代理店、零售店、折扣店，再往下是用户。企业对于用户有着怎样的直接诉求，也是商业体系的问题之一。像这样将着眼于功能的分类与着眼于商业环节的分类组合在一起之后，就得到了图 5-16。

能够看出图中的任何一格都有一定的自由度。也就是说如果把销售活动理解为各项机能与商流各个阶段复杂辅助系统的结合体的话，那么在每一个辅助体系、包含它们在内的综合系统，以及部分系统的组合中，都有着各自不同的差异化选项。因此包含了各个辅助系统自由度的整体自由度，可谓极高并且极复杂，要想全部模仿近乎不可能，此外，只模仿表面不会有任何效果。

机能 \ 商业流程	销售部队	代理店	折扣店选项	用户诉求
物品和服务的流动	配送路线 送达时间 ……	库存率 配送路线 频率 ……	店内库存率 商品种类 ……	包装 配送 宣传 ……
资金和合同的流动	交涉教程 ……	利润幅度 渠道选择 ……	专营店 兼营店 邮购 ……	用户利益 价格 ……
信息的流动	拜访时间 拜访次数 ……	产品和价格信息 订单系统 其他公司信息 ……	竞争胜率 其他竞争对手信息 ……	广告 购买动机 购买的TPO 价格弹性幅度 ……

图 5-16　销售活动的建立基础

这里的重点就在于，如何把这些自由度结合自身情况妥善组合并执行。如果能顾及大局把握好平衡，那么即使其他公司发现并模仿部分做法，也很难享受到综合系统带来的好处。

销售的差异化不仅是个别执行的差异化，更是对整体统一性的重大考验。

本章总结

极端地说，在之前的经济增长期，只要企业制造出好的商品，销售额自然就会上涨。对于销售实力的关注点在于能否快速打开销路（销售团队、打广告等），可谓是最重视力量的时代。

但随着经济增长的放缓，将有越来越多的问题是这种以全面铺开为目的的销售战略所无法解决的。这时，销售差异化战略才能起到效果。

我之前也提到过数次，销售的差异化中存在固有风险，企业很难大胆下手。同时也有太多内在因素和情况，使得销售难以做出变革。因此很多情况下，其实是很多相似的企业依靠类似单一的销售政策激烈厮杀。换言之，正因为在销售部门难以实行差异化，所以有不少案例即使存在大量问题，却至今维持原状。

然而正因为销售的差异化有着足以左右业绩的巨大影响力，所以只要能在周到计划的基础上大胆变革、切实执行，那么由于其风险之大和综合系统之复杂，其他公司无法轻易模仿也是事实。

尽管留下了诸多矛盾，但出于经济成长速度放缓带来的必要性，或者过去的习惯和历史原因，甚至于与其他企业局部竞争的必要性，不能及时彻底摸透整个销售实力应有形式的企业并不在少数。正因为眼下经济增长速度放缓，才更应该重新审视和重新定义策略，以实现销售实力的差异化。

（后正武）

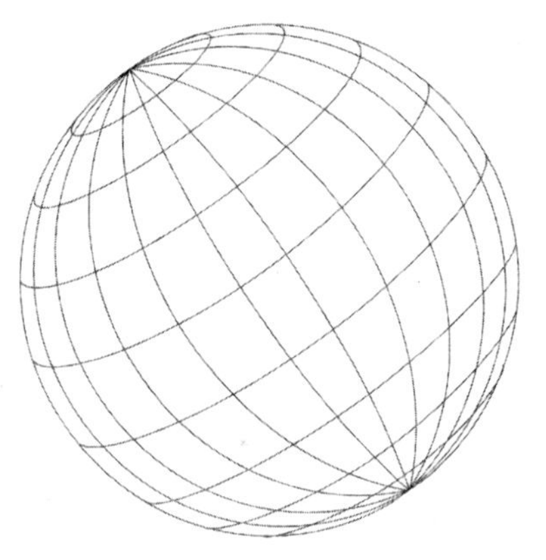

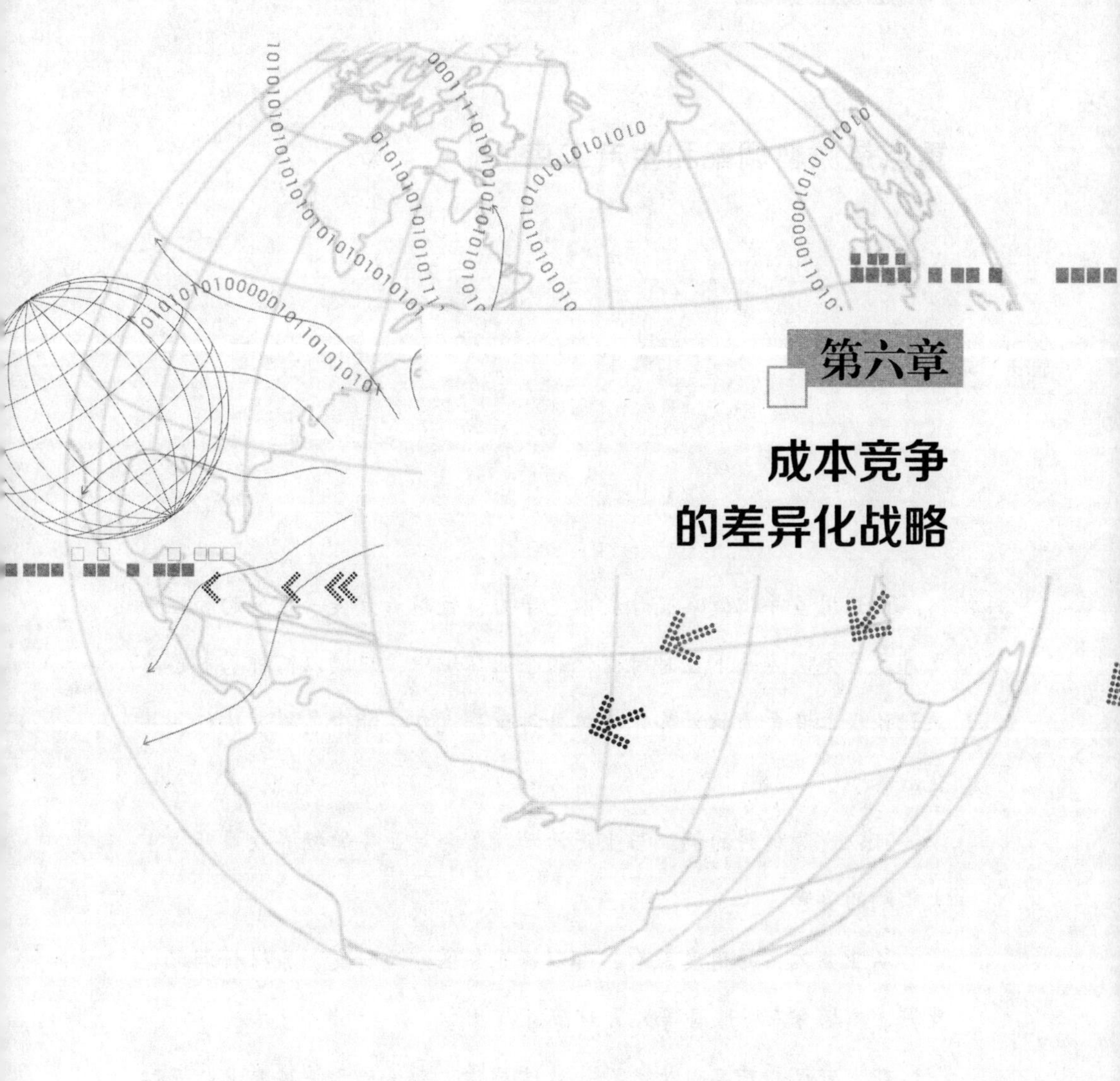

第六章

成本竞争的差异化战略

重点是原料调配和生产工序

说到用差异化战略提升成本竞争力，我想着重提一下采购和生产工序。首先阐述一下在时时变化的企业环境中，应该以何种基本思路来讨论成本竞争力的差异化，接着再说一说在实际中怎样来执行差异化战略。

可以说原材料的调配与生产活动，是会对业务的经济效益产生重大影响的要素。

从业务体系的角度来看，可以将业务区分为研发、原材料调配、生产、市场分布、服务等几大环节。

研发可谓新产品诞生之源，从这层意义来说属于关键要素；而站在商品能否畅销的角度来看，营销或者服务则成了重头。

其他的，原料调配和生产工序，则决定了产品是否能够以具有竞争力的价格提供给用户。

尤其当业务逐渐成熟，价格竞争力乃至成本竞争力就成了影响业务成功与否的关键。从耐用消费品成本构成来看，原材料费用和生产成本各占产品价格的45%和20%，合计65%，这是普遍情况。

所以当我们提及成本竞争力的时候，对原材料费用和生产成本的控制就成了第一大课题。反过来说，如果能合理控制这些要素，就有可能实现成本竞争力方面决定性的差异化。

不过有哪些方法能让我们在成本竞争力上完成差异化呢？在原材料方面，先把各种类型的材料以不同角度进行分组，然后探讨各个分组的材料应该从哪里调配，是直接购买还是通过中间商购买，这就是重点课题。相反，这些课题也可以被视为实现差异化的方法。

而在生产方面，比如生产能力是该维持现状还是必须增加、生产基地应该集中还是分散、生产方式用新的好还是原有的好等等，这些课题也完全能与差异化相关联（图6-1）。

由此可以得知，实现成本竞争力需要讨论的要素很多，但在进入方法论之前，我想讲一讲企业所处环境的变化与成本竞争力之间的关系。

我的主张是：第一，环境的变化给成本竞争力带来了新课题；第二，不断变化的企业环境令企业在应对时过于短视，战略上的反差也因此产生。

应对环境的变化需要根本性的措施，光靠一遍遍做传统PIP（利润改善计划）是不够充分的，需要的是思维的转换。这些是今后探讨成本竞争力时的基本思路。

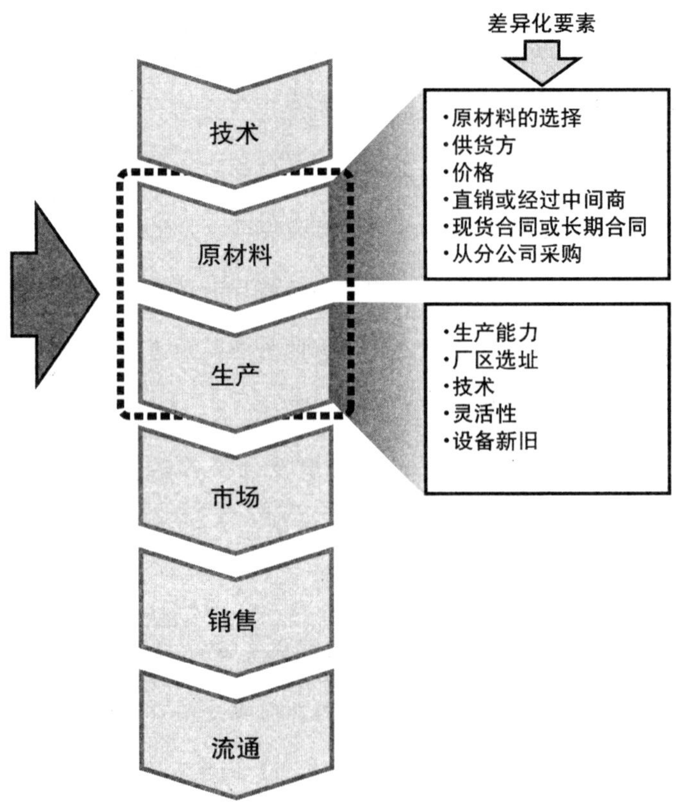

图 6-1　原材料调配和生产方面的差异化要素

一、环境变化与差异化的机会

成本竞争也登上国际舞台

首先，既然说到企业环境的变化和差异化的机会，那我想谈谈企业所处环境的变化。国际竞争变得越发重要，可谓企业环境变化的一大重点。成本竞争力的战场从国内拓展到了国外，加之原材料价格飞涨，政治、社会或者经济上的不确定因素同样也在增加。由于经济增长放缓，全世界生产设备的运作率低到极限。从这个角度，更能说明成本竞争力的重要性了。

成本竞争力在全球范围都已经极为关键。来看汽车工业中低端紧凑型轿车的例子：在日本的生产成本约为 3200 美元，在美国的成本则约为 4900 美元（1980 年）。在日本的生产成本要低廉得多，而这个差距也使得大量出口日本乘用车成为可能。

另一方面，来举个化学工业的例子。石油危机以来，日本和美国相比反倒是日本的生产成本更高，所以就整体来说日本陷入了贸易逆差的局面。这些例子，都能说明成本竞争力在国际上的重要影响。

原材料费飞涨

这些成本差距的原因究竟在哪里？成本差距中的大部分，被原材料或者能源成本所占据。就像大家都看到的，产品价格的 50% 是原材料或零部件成本。

原材料价格飞涨这一要素也不容忽视。例如加工制造业，占全部成本的原材料或能源部分，在 9 年间从 67% 提升到了 81%。这个情况说明原材料价格的上涨改变了成本的结构，也就意味着变动成本的增加。

换言之，目前出现的新课题就成了应该如何调配或如何利用原材料、应当如何选择使用能源，又或者生产体制应该怎样应对类似成本结构的变化。反过来看，把这些课题视为差异化的契机同样可行。

由于政治或者说社会因素，原料价格的预测也变得非常困难。比如轻油的进口价格在第一次石油危机和第二次石油危机时就非常高昂，但它涨价的节点却很难判断。在一些时间点它或许还会降价。石油价格也是一样，都说总有一天每桶售价会达到 60 美元，遇到特殊情况哪怕涨到 100 美元也并非不可能。然而最近也有声音认为，价格可能跌至每桶 20 美元以下。这也证明了成本里竞争中的不确定因素越来越大。

需要根本性的改善

经济成长的放缓是众所周知的事实，今后行业或企业的运作率将下降至低于以往的状态。

即使是到 1982 年上半年为止还被称赞成长迅速的 VTR 和音响器材行业，也突然表现出了生产过剩的倾向。

这些现象都说明了正确设定生产能力的重要性，工厂设备的根本性合理化问题也需要解决。那种不管不顾先生产了再说的做法早就行不通了。

再来看看针对这些情况企业又采取了什么措施。事实上，企业大多采取了临时性的解决方法，最终结果往往与长期战略目标存在很大差距。例如企业一直使用外购内部零部件的手段，致使战略性差距的产生；企业因自始至终采取 PIP（利润改善计划），造成长期战略性差距，等等。这样的教训说明，依赖于临时性的解决方案是很危险的。

来分析一下第一个例子，这个例子中的企业为了降低目前的成本，最终陷入了长期无法收拾的局面。以家电为例，现在有 A 公司和 B 公司两家企业，A 公司生产一台家电的成本是 20 万日元，B 公司 14 万日元。市场占有率方面 A 公司 10%，B 公司 25%。

于是 A 为降低成本做了各种各样的努力。

A 公司所做的尝试中包含一项“make or buy”，自制或外购。每每遭遇降低成本的压力时，公司就会面临这个选择，而每次公司都选择了外购。到头来，这项业务只剩下了装配、销售和售后服务，高附加价值的零部件生产工作只能依赖于其他公司。

最终，从利润和市场占有率的角度来看，一开始外购的确在短期内实现了减少成本，增加利润。然而与此同时，市场份额也开始呈现出缓慢下降的趋势。直到最后，A与B之间的市场占有率出现了无法挽回的差距。

这个例子在战略上有何意义？意义就是持续的外购使得企业放弃了自身业务的核心部分，所以这时即使想要夺回业内的强势地位，也只能望洋兴叹。

再举一个例子，同样以A公司和B公司来指代。一开始A的成本比B低，这时B把变革的焦点放在变动费用上，为降低这部分费用，在某一时期导入了一项具有划时代意义的生产技术。

相对于B的战略，A使用的方法是利润改善计划（PIP）。当时A把焦点放在了固定费用（尤其是经费）的削减上。最后，原本A较高的市场占有率降低，利润也变少了。A、B两家公司的市场地位换了个位置。这个例子证明了始终采用消极的治标策略，是非常危险的事情（图6-2）。

那么，究竟需要的是什么？综上所述，为了应对变化，需要做根本性改革的例子越来越多。也就是说，企业充分利用竞争对手的制约条件和自身战略性自由度，在此基础上推进自身的战略。就像我一开始说的，把一项挑战反过来视为机会，由此进行差异化。

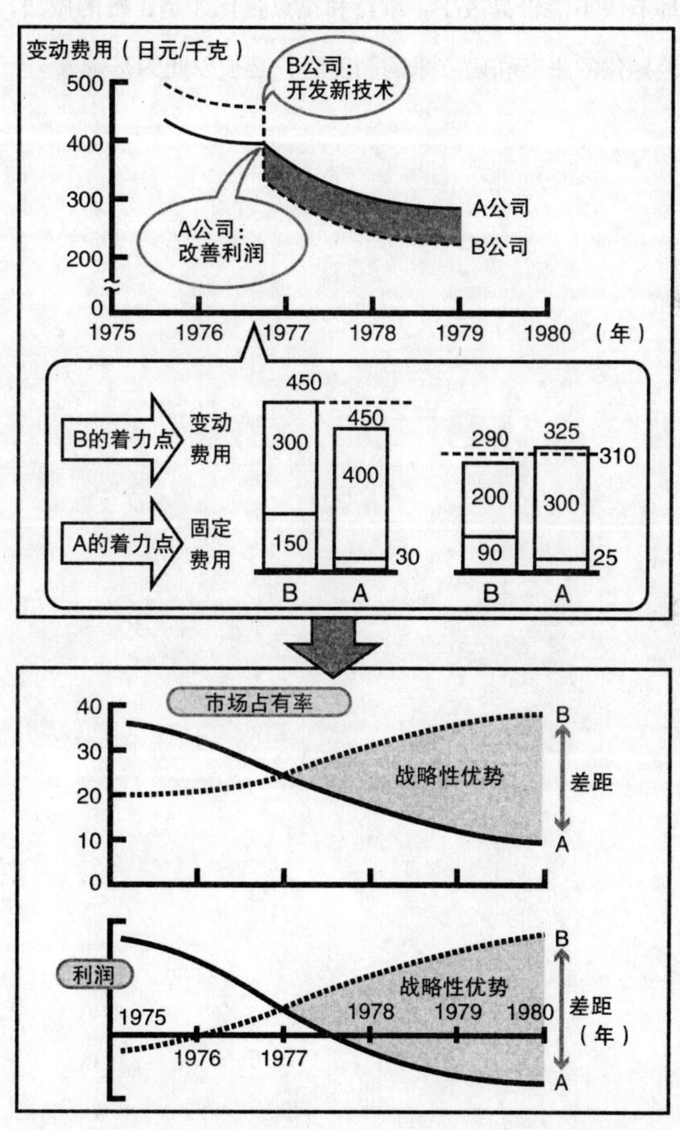

图 6-2　成本竞争力：导入新技术的影响

在进行差异化的时候，必须注意维持和强化竞争力的源头。业务中有些环节决不能轻易放手，维持和重点强化才是正确的做法。在实现有效差异化的生产和确立采购制度时，必须以此为基础。

二、为实现差异化而执行的措施

将变化与战略相结合的三个思路

既然企业环境的变化会带来新的挑战，我首先关注的是环境发生了怎样的变化，例如国际规模的竞争力的重要性、成本结构的变化、不确定因素的扩大、运作率低下，或者环境制约等等。于是论点就成了该如何利用这些环境变化来执行差异化战略，基本可以分为三个思路。

第一，合理设置设备基地以强化生产体制的成本竞争力。第二，对原材料做战略性管理。这其中包含了顺应原材料的特性或需求的结构关系，来管理原材料以及进行全球化的调配。第三，灵活的采购和生产体制。这其中还包括了构建使用替代材料的灵活体制。

（1）强化生产体制的成本竞争力

首先关于第一条，强化生产体制的成本竞争力，我想指出以下三点：一是导入新的生产技术；二是对生产基地或生产能力的分配；三是大胆更新陈旧设备的必要性。下面加入一些实例来分析这几点。

①导入新的生产技术

说到用新的生产技术强化生产体制，新的生产方法总能为削减成本做出很大贡献。就以某工业产品为例，按传统生产方法生产每件成本为 52 日元，但使用新技术却能降低 15% 的成本，为 44 日元。尽管因为导入新生产技术致使模具的折旧费部分成本提升，但原材料费用部分却实现了大幅削减，所以整体还是降低了 15% 的成本。

事实上在它的背后还存在规模效益。使用传统生产技术的场合，规模效益几乎为零。与之相比，导入新生产技术的规模效益就很大了。生产 70 万件产品时，使用新生产方法的成本更低。由于这家企业的生产水平为 120 万件，所以得到了降低 15% 成本的优势。

而在这种情况下竞争对手又怎样了呢？ B 公司勉强收支平衡，而其他两家公司连收支平衡都做不到。

这其实是机械组装工业的例子，那么加工制造业的情况又怎样呢（图 6-3）？在某家企业，订购批量和件数分布逐年发生变化。由于时代的趋势，需求向着高端化、多样化的方向发展，于是订购批量呈现出了少量多品种倾向。可以预计，未来这种倾向会进一步加强。

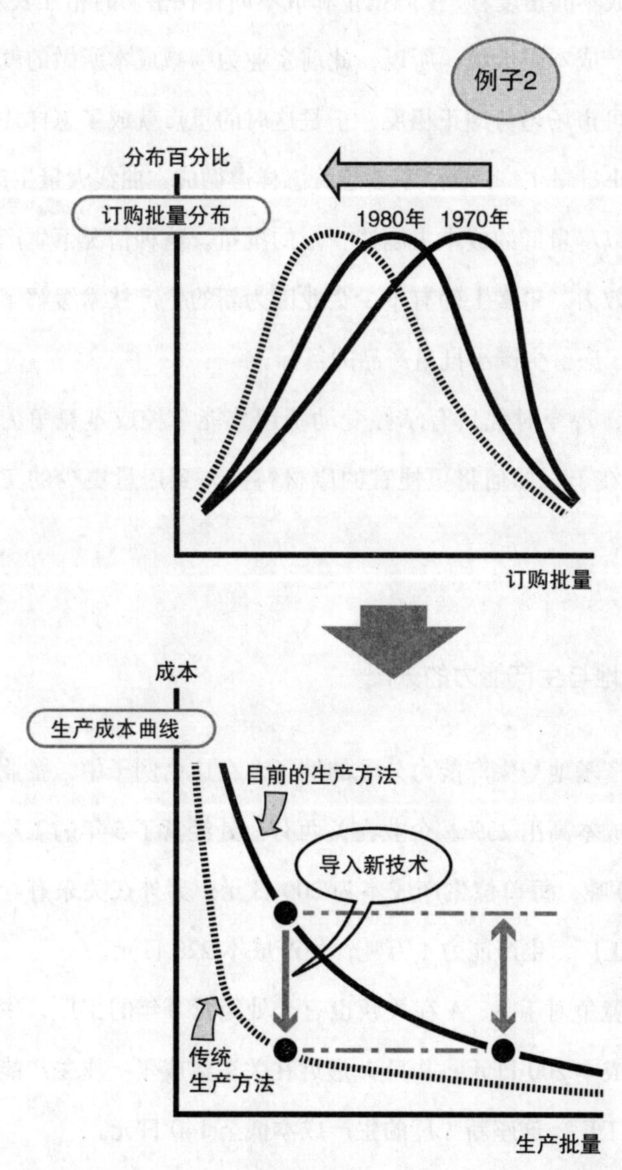

图 6-3　新生产技术为降低成本做贡献

再从生产成本的角度看，生产批量和成本间存在密切的相互联系，批量越大，生产成本越低廉。所以，此前企业为削减成本所做的就是大批量生产，可市场趋势却正相反。于是这时的重点就成了怎样才能以低廉的成本小批量生产产品。不要想着怎样遵循成本曲线大量生产，而是应当设法以尽量低的成本去制造一定的批量。这种情况下生产技术会发挥强大效力。事实上确有不少企业因为新的生产技术缓解了曲线，最终实现了廉价生产小批量产品的目标。

总而言之，现今时代只有掌控变动费用才能掌控成本竞争力。一切的关键就在于，如何将更便宜的原材料投入到用量更少的工厂设备中。

②生产基地与生产能力的分配

再来举生产基地与生产能力分配的例子。在这个例子中，企业相对于竞争对手成本高出 25%。企业在关西有一处经营了 5 年的工厂，生产能力 8000 吨，每单位生产成本为 200 日元；另外在关东有一处经营约 8 年的工厂，生产能力 1 万吨，生产成本 220 日元。

来看它的竞争对手 A。A 在关西也有一处经营 8 年的工厂，生产能力 1 万吨，成本 200 日元。并且 A 最近在关东建成了一座生产能力达 18000 吨的工厂。这座新工厂的生产成本低至 140 日元。

与此同时还有一个重要信息，那就是由于政府的行政指导，工厂生产能力被控制在 56000 吨。所以一开始，这家公司的每单位成本比

A 公司高出 53 日元即 25%。

那么这家公司始终是如何解决问题的？当时全国约 70% 的需求都集中在大阪及东京地区，但从 1980 年开始市场出现了分散化趋势，即东京和大阪占 50%，其他地区占 50%。由此可以得知，除了生产成本以外，部分流通成本也有了上涨。

于是这里提出了一个方案，那就是撤除位于东京的旧工厂，然后把同等生产能力分散到九州和北海道建立新工厂。按照传统思路，集中大批量生产是为了追求规模效应，而这个方案则是不惜牺牲规模效应，撤除旧厂并在九州和北海道建厂（图 6-5）。

要说这个方案有什么优势，那就是能够顺应市场需求模式的变化、政府行政指导、竞争对手生产设备的自由度（其实是不自由度）来灵活地排列组合。最终，这家企业成功地在生产成本、流通成本上占据了优势。

下面再举一个通过大胆地合理化改善使竞争力恢复的例子。A 公司的某项业务长期亏损，最终工厂的运作率降低到了极限。要问业绩不振的原因在哪里，在于成本差距。A 公司的成本异常高，与竞争对手 B 公司、C 公司的成本相差极大。

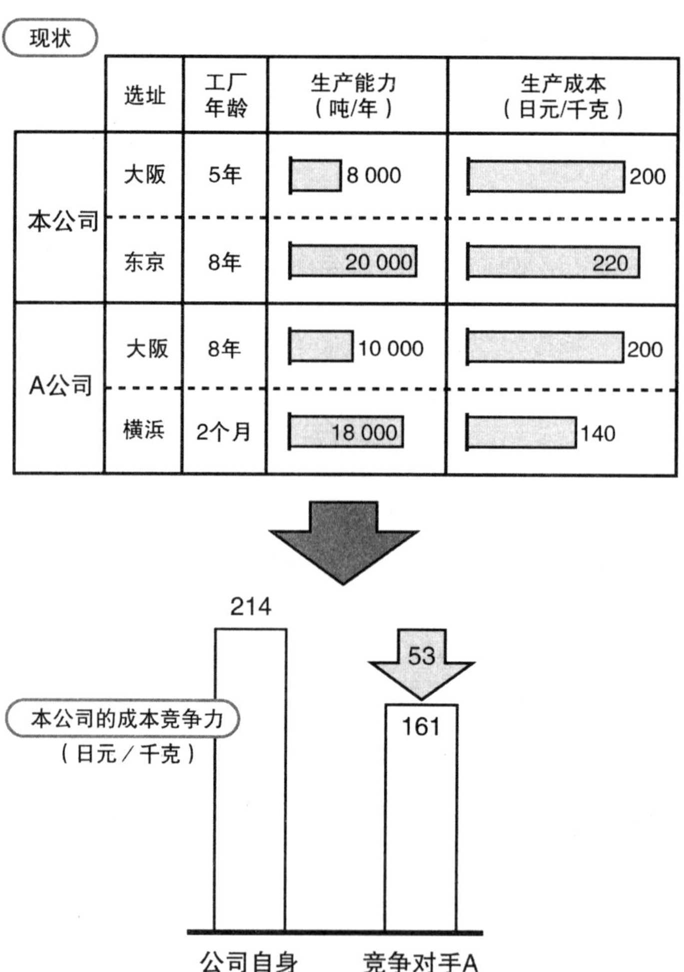

注：1.A公司的横浜工厂为新设工厂
2.政府批准的生产能力为各28 000吨

图 6-4　成本竞争力——工厂选址条件

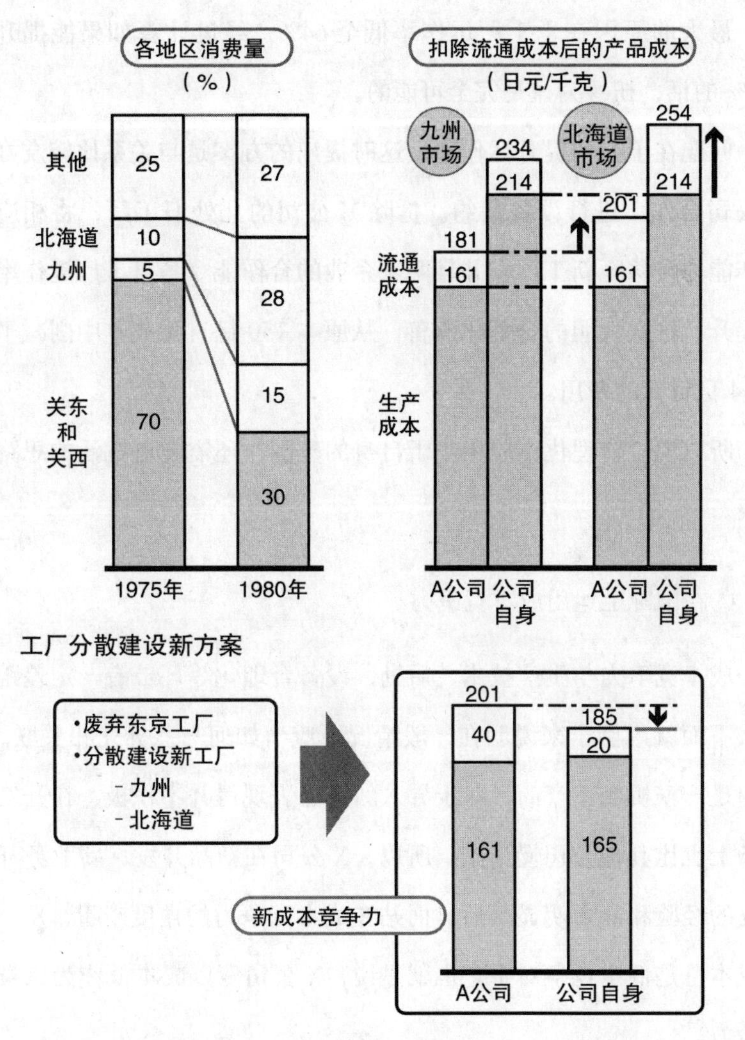

图 6-5　成本竞争力——

利用市场结构变化与工厂选址上的自由度市场呈现分散倾向

为填补这部分差距，A 公司自然为合理化改善做了努力，例如削减人事费和能源费、推进外购、减少库存等等，但始终未能扭亏为盈。

最大的原因在于工厂运作率低至 64%，经过计算如果能提升至 100% 的话，扭亏为盈是完全可能的。

问题在于如何提升运作率。这时提出的方案是与关系比较友好的 M 公司合作，进行设备集约。拆除 M 公司的几处旧工厂、将相应的生产能力转移至新工厂，并且两家企业的合作能令各自工厂运作率大幅提升。这次大胆的合理化改善，从原本 150 亿日元成本中削减了高达 14 亿日元的费用。

所以说，合理化不应止步于自身的范围，还需要更宽泛的思路和想象。

③在国际上运用成本竞争力

成本竞争力与生产技术、后勤、设备合理化等环节有一定差距，那么下面就用例子来说明在一般情况下应当如何与差异化相关联。X 公司是一家机械生产商，对于导入新产品表现得并不积极，在开发新业务上也比其他公司慢半拍。所以，X 公司在新品开发、新业务开方面发的经验和能力明显落后。而站在成本竞争力的角度来看，X 公司的成本总是低于竞争对手。也就是说，X 公司专以成本低作为自身的竞争力。

这时，X 公司的思路是不止步于把成本竞争力运用在国内，还拓展到了国外。也就是说通过积极接收外国公司的订单，使自己成了全球的外包工厂。X 公司就是站在了这样的角度，从全世界知名企业接收订单，从而确保了利润。

（2）原材料的调配与管理

下面来聊聊原材料调配与管理的话题。大多数行业中占成本最大比例的要素是原材料，所以对这部分占大头的成本是否有战略性的见解则是问题关键。

现实中出现过降低 5%原材料成本后，经常利益翻倍的例子，也有企业降低了 1% 的原材料成本后经常利益提升 29%。如果说要增加相同的利润，改为在其他环节上发力的话，需要做什么改变呢？答案是例如必须减少 10% 库存投资、减少 6.7% 的员工等等。由于在整个成本中原材料占大头，所以只要能妥善管理，就能得到极佳的降低成本的效果（图 6-6）。

此外，由于新产品中经常需要用到一些新原料，所以从这个角度来看，把关注焦点放在原材料上也是非常重要的。战略性管理原材料的调配，能够实现巨大的差异化。

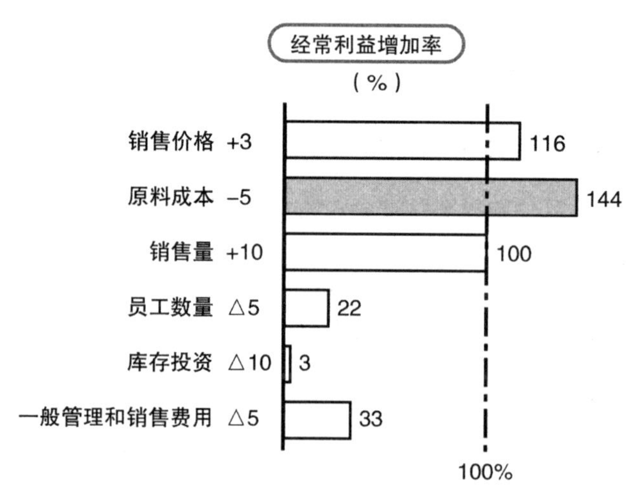

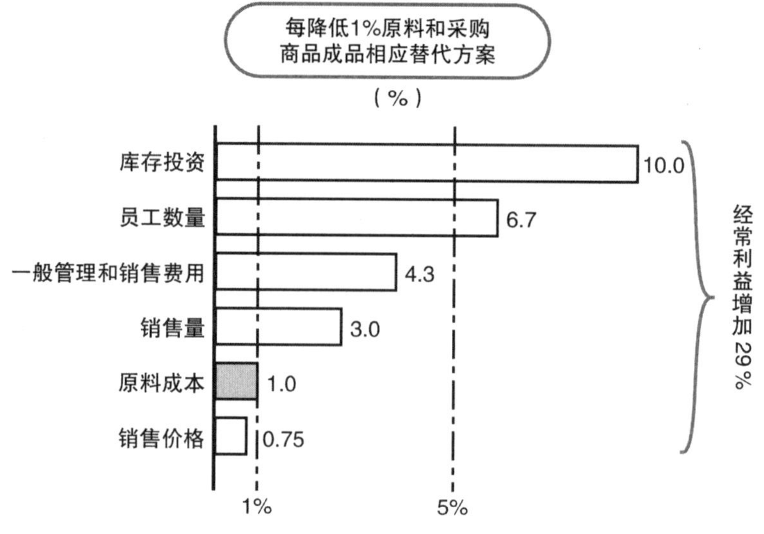

图 6-6 原材料管理与企业业绩

再举个其他行业的例子。A公司需要用到一种每年以20%的幅度涨价的特殊材料，在这种情况下，A公司采取的方法是开发出具有划时代意义的生产技术，最终成功导入了低品质而且标准化的原料。A公司的这种做法，使得业内平均每千克800日元的生产成本降低到了500日元。

在此行业中需要用到各种品质的化学产品，而A公司通过推进原料的标准化，还成功将每单位原材料费从400日元降低至了300日元。

同行业的各家公司习惯于从国内厂商经过商社调集原材料，而A公司除此之外还积极寻求国外供货渠道，指导商社进行海外调运，因此订单也都集中在了特定商社手中。

用不同的方式采购不同种类的原材料，这一点也越来越重要。企业必须根据原材料的采购金额和其他各种特性区分采购方式。原材料中有通用品也有特殊品，有金额低的也有金额高的。例如需要大量采购通用品时，可以在摸清价格和量的关系的前提下，追求最大折扣（图6-7）。

此外，在通用品方面，最好尽可能把购买金额低的订单集中在同一家供货商，集合类似原料以求扩大采购量。至于特殊品，则可以研究能否着重把购入金额高的品类置换为标准品类。先理清原料品类的分布，理清品类与价格的关系，再商讨一下将分布向低的方向移动。在这时，需要探讨的问题是能否在不牺牲原料性能的前提下移动分布。这种做法，也能带来类似于替换成标准品的效果。

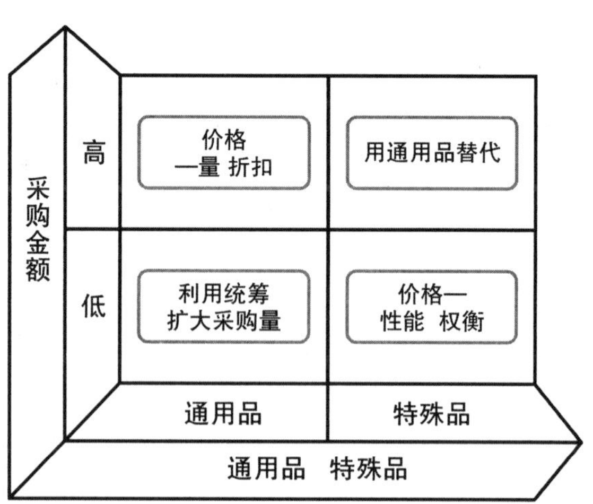

图 6-7 通过原料特性进行差异化

如果是小额采购特殊品，则需要对比价格和性能来寻找替代品了。

上一页是通过区分四个象限来制定战略，而要想有效执行每个战略，就需要拥有不同资质的采购负责人。例如左上角的价格与量的折扣象限，需要采购负责人具有商业触角，而采购特殊品的时候，则要考验价值分析的能力或技术能力。所以在执行战略的同时，必须考虑负责人的相应资质（图 6-8）。

制定战略需考虑到力量的均衡。

前面说的是针对原材料特性采取的战略，那么接下来的重点，就是将其与采购方、供货方的相对强弱关系结合起来思考并制定策略（图 6-9、图 6-10）。

从自身的优势和原料行业的优势来看，假设原料行业非常强势，而自己相对处于弱势，也就是说，相对原料行业而言市场规模大且具有成长潜力，但对于企业所涉及的市场分类依赖度并不高。原料行业占据了工厂运作率高这一非常有利的地位，而企业自身却相对弱势，采购量少，需求的增长很缓慢。在这种情况下，原料行业的供货商属于高姿态，而企业自身则处于低姿态。

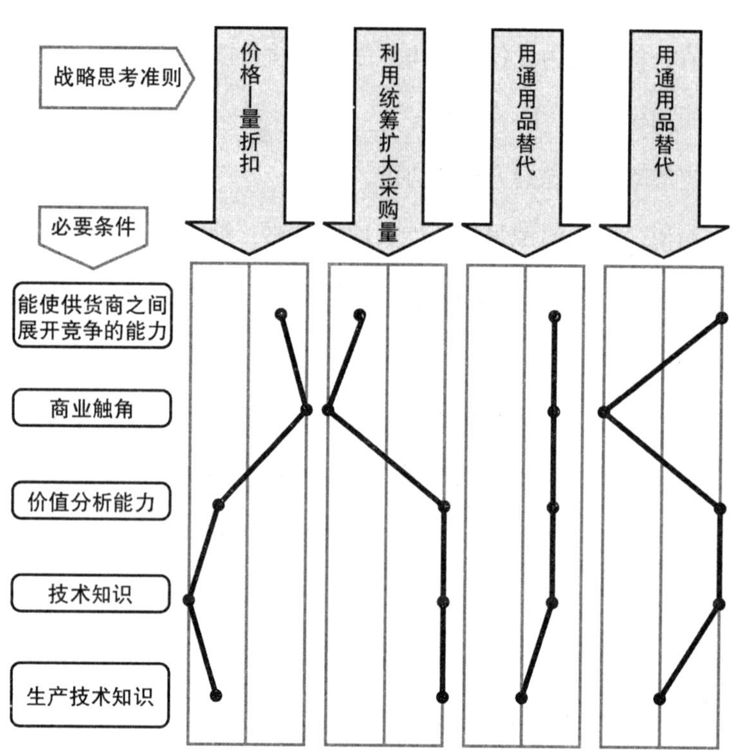

图 6–8　根据原材料特性的配备，不同能力和资质采购负责人的必要性

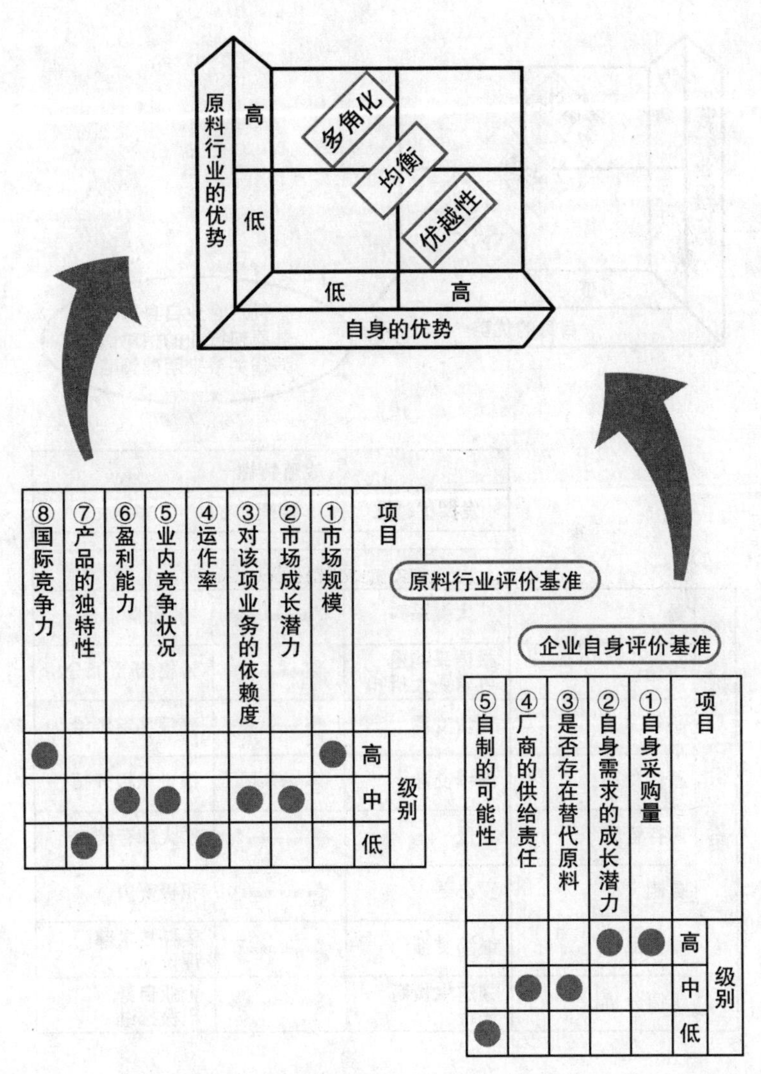

图 6–9 根据采购方 / 供货商关系进行差异化

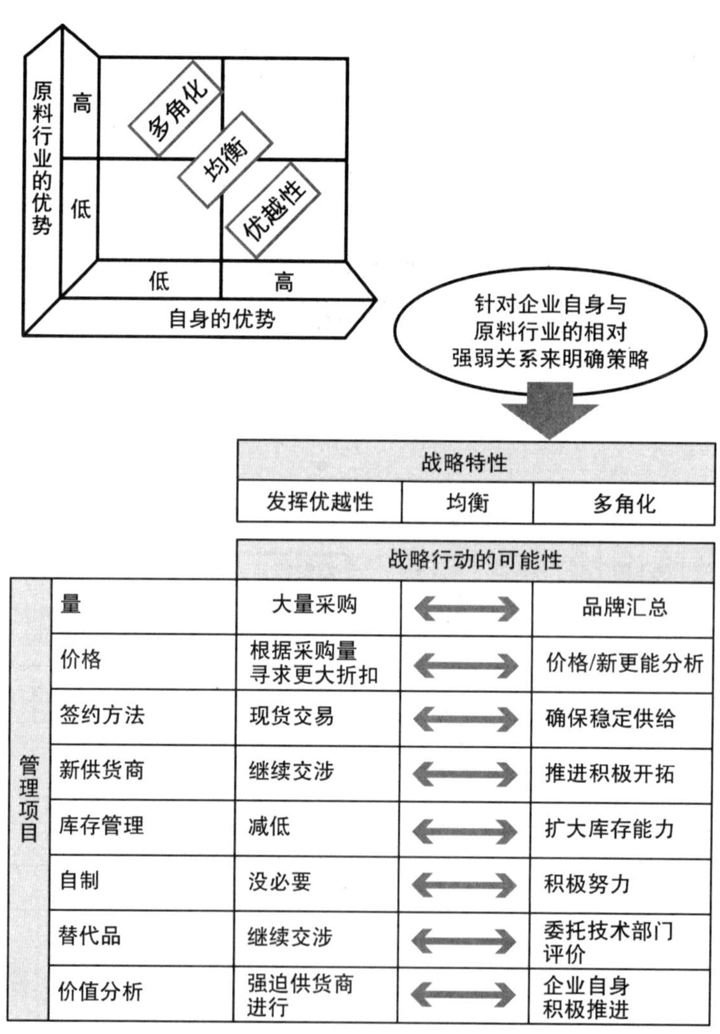

图 6-10　采购方 / 供货商关系与相应的采购方法

反过来，也有企业自身强势而原料行业弱势的例子，即与之前的情况完全相反。无论是哪种情况，都有必要巧妙利用原料行业的强弱势和自身的强弱势，在采购方案上采取独特的战略。

当企业比较强势的时候，就应该充分发挥自身的优越性；当对方强己方弱的时候，则有必要思考如何分散对方的力量。企业应针对自身与原料行业的相对强弱势，明确区分和有意识地执行不同战略。

在运用优越性方面，可以按下列几个思路思考：从不同供货商处采购、大量采购以求更大的折扣，或者将长期合同的采购与现货采购相结合，等等。反之，则可以集中品牌，设法尽可能提升自身的优越性。

要想让上述的原材料采购战略获得成功，不能单靠采购部门这一个环节努力，其他相关的技术、生产、销售等部门的密切配合必不可少。此外，企业还应打造一个能够顺应原料环境变化的灵活经营体制（图6-11），以及当可能出现原料供应困难时，能够使用各种替代原料的灵活生产体制（包括工厂设备在内）。此外，技术部门也要尽可能加强评估原料特性的能力，以及确立评估体系。要是无法对替代原料进行评估，就永远无法摆脱一味使用传统原料的现状。所以要想让采购战略获得成功，其他部门的协作可谓一大前提。

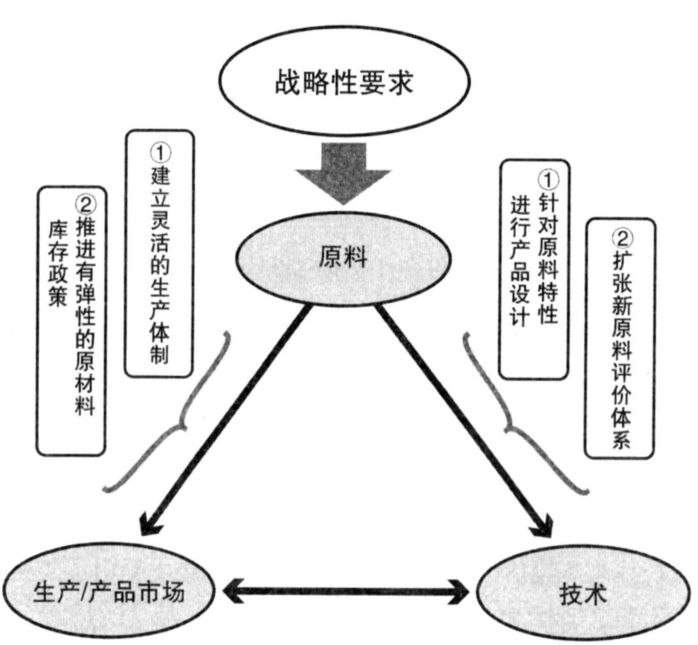

图 6-11　采购战略与组织体制

（3）生产和采购体制的灵活性

前文中我们论述了如何确立具有成本竞争力的生产体制，以及战略性的采购体制。最后我想说说在生产和采购体制中“灵活性”的必要性。

就像先前提到的，企业经营环境中不确定因素太多，所以为了应对这种情况，灵活性就更加关键。我的主张是，面对原料供给价格的波动或竞争对手的战略，企业必须灵活地做出应对。

来举个例子看看一旦缺少了灵活性将发生什么情况。A 公司在 1973 年做出了加入某行业的决定。此时 A 的目的是建设新工厂，用比传统原料更廉价的新原料进行生产，借此打败既存的制造商。

然而当 A 公司于 1978 年实际加入这个行业，原材料的价格却出现了剧变。做出决定时，旧原材料价格每千克 800 日元，新原材料每千克 600 日元，可真正加入时两边却分别变成了 700 日元和 900 日元，二者的价格地位发生颠倒（图 6-12）。而这时的问题在于新建的工厂只能使用新原料，缺乏灵活性。为此 A 公司尽管建设了新工厂，却不得不撤离业务。这个例子说明了缺乏灵活性将付出极大代价。

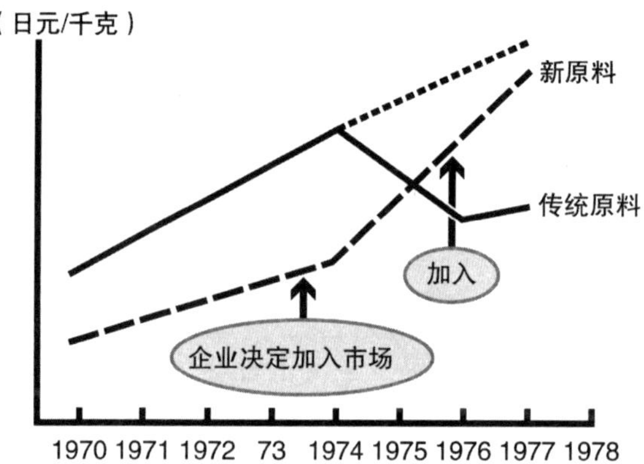

所以在这个时间点企业是具有竞争力的

但到1978年地位发生颠倒

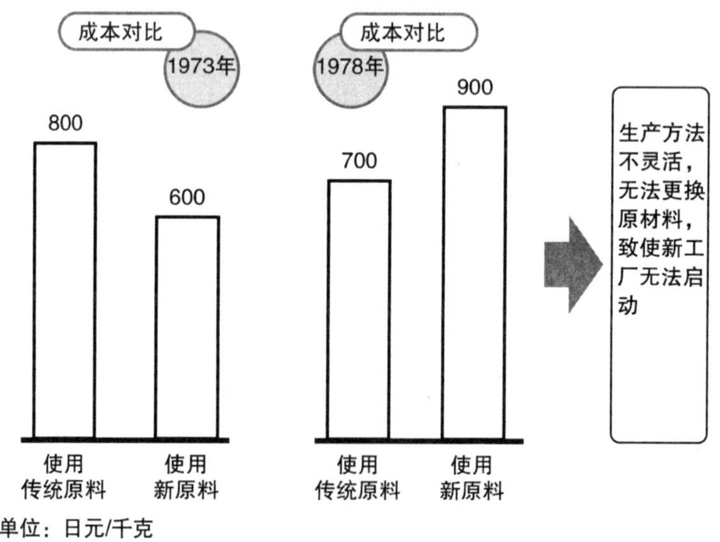

图 6–12　生产体制——灵活性的必要性

假设现在因为某些情况的变化（例如时间流逝、社会动荡）等，原材料价格出现波动。如果原材料价格上涨时能够替换廉价原材料，就能将利润维持在现有水准。要是缺乏灵活性，只能继续传统原材料的话，当其价格上涨，企业就会陷入决定性的不利局面（图 6-13）。

在生产方面，制作多品种产品的体系是最理想的，并且在材料方面也一样，最好是能够使用多种原材料的生产系统。就上游工序而言，所需的是能用最方便获得且最便宜的原材料开展生产工作的系统。反过来对下游工序来说，当自身的供给量无法满足客户的需求，企业也可以通过外购的形式补足不够的部分。这样的灵活性是非常重要的。

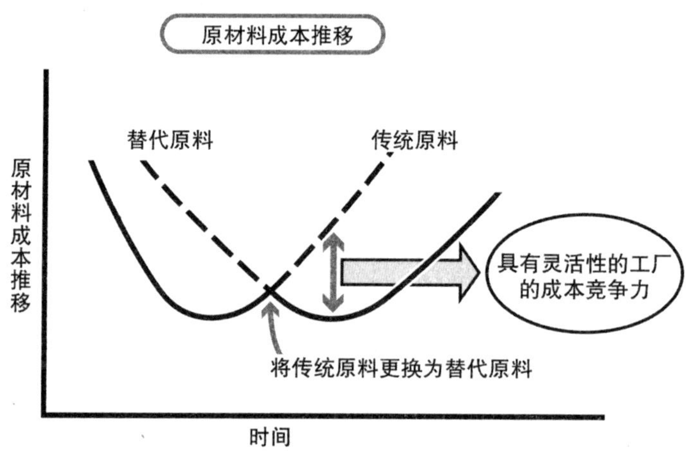

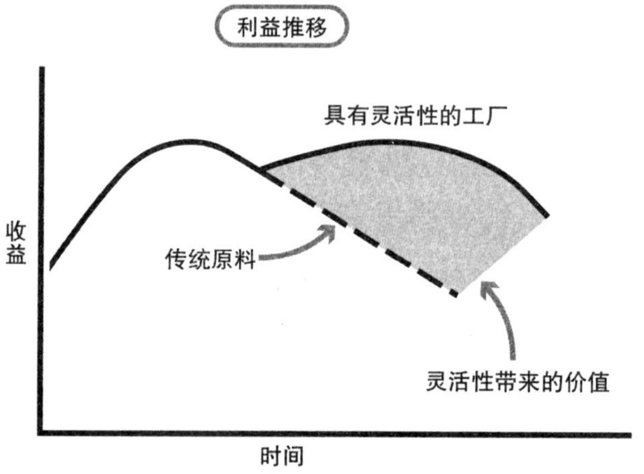

（P.S.Gosh/石井正纯）

图 6-13　生产体制的灵活性与预期收益

本章总结

竞争日趋国际化，原材料价格飞涨，且波动幅度大，而政治经济上的不确定因素也在变多，市场的成长放缓，工厂运作率低下。在这样的环境里，维持成本竞争力高的生产体制、进行战略性采购管理可谓首要任务。此外，采购和生产体制也需要强化灵活性，并且这些策略必须执行彻底。许多企业成本竞争力从根源上就出现了衰败，却依然用权宜之计继续经营。权宜之计只能解决一时，解决不了根本问题。竞争对手或多或少在成本竞争力上存在问题。敢于采取根本性对策，就等同于找到了差异化的可能性。